KiWi

1809

Aminata Touré

Wir können mehr sein

Die Macht der Vielfalt

Kiepenheuer & Witsch

Für Mama, Saka, Mariam, Medina & Joschka.

Für alle, die Wege gehen,
die vor ihnen noch niemand gegangen ist.

rupi kaur

home body

break down
every door they built
to keep you out
and bring all your people with you

- *storm*

Inhalt

Prolog   11

Mehr sein   18

Von vorne   25

In die Politik   42

Ein anderes Leben   61

Was meine Mutter mir beibrachte   81

Zurück in die Vergangenheit   94

Eine Sprache finden   103

Eine schwere Zeit beginnt   118

Armut und Scham   133

Parlamentarische Arbeit   143

Gewählt werden   154

Straße oder Parlament   167

Die Landtagswahl   180

Politischer Alltag   186

Die anstrengenden Seiten   199

Herausforderungen   206

Verbündete   216

Veränderung wird kommen   232

Warum sollte ich vergessen, wo ich herkomme   249

Endnoten   261

Literaturverzeichnis   263

Danksagung   265

Es war ein großer Tag und ich stand ratlos vor dem Kleiderschrank. Schon an normalen Tagen ist mir Kleidung wichtig. Sie hat eine Symbolkraft. Aber ich war nicht sicher, was ich darstellen wollte. Welche Bedeutung hatte dieser Moment? Eigentlich hatte ich mir seit Wochen ganz genau vorgestellt, was ich heute tragen würde: ein weißes Cape. Aber es sah nicht gut aus. Ich fragte meine Schwestern und sie stimmten mir zu. Außerdem, dachte ich, war es vielleicht doch ein wenig zu extravagant.

Am Tag zuvor war ich bei der Ostseeparlamentarierkonferenz in Oslo gewesen, am Flughafen hatte ich in einem Laden einen dunkelgrünen Jumpsuit gesehen. Ich hatte ihn anprobiert, er passte, ich kaufte ihn. Jetzt war er plötzlich das perfekte Outfit.

Draußen war es wärmer als mir lieb war und ich nahm ein Taxi, um an diesem großen Tag nicht völlig verschwitzt anzukommen. Ich sprach mit dem Taxifahrer, der mir alles Glück der Welt wünschte: »Das wäre großartig, wenn Sie gewählt werden würden. Was für ein Zeichen für so viele Menschen in diesem Land. Ich habe ja auch einen Migrationshintergrund!« Ich bedankte mich für die herzlichen Worte und dachte darüber nach, was alles passieren könnte.

Theoretisch dürfte nichts schiefgehen. Mein Kollege

Rasmus Andresen war ins Europaparlament gewählt worden, sein Amt als Stellvertreter des Landtagspräsidenten musste neu besetzt werden, und die Koalition hatte beschlossen, mich vorzuschlagen. Ich war trotzdem nervös. Würde ich wirklich die erforderliche Mehrheit bekommen? Die Wahl war geheim und vielleicht waren doch nicht alle begeistert davon, dass ich in meinem Alter ein solches Amt bekomme.

Ich stieg aus und atmete tief durch. Zwei Kamerateams warteten auf mich, die mich in den kommenden Monaten immer wieder zu Terminen begleiten würden. Das wusste ich schon und ich hatte mich über die Anfragen gefreut, aber jetzt steigerte es einfach nur die Nervosität. Wenn ich heute nicht gewählt werden würde, dann wäre es nicht nur durch die Liveübertragung des Parlamentsfernsehens, sondern auch noch durch zwei extra angereiste Kamerateams dokumentiert. Super.

Ich ging rein, rauschte an meinen Kolleg*innen vorbei, die mir alle Glück wünschten und mein Outfit positiv kommentierten. In meinem Büro machte sich eines der Kamerateams startklar. Ich sah meine Mitarbeiterin Katrine, was mich immer beruhigt, weil sie weiß, wie es mir in solchen Momenten geht, und dann die Organisation im Blick hat. Wir gingen zusammen runter zum anderen Kamerateam, das ein Vorabstatement aufnehmen wollte. Wie ich mich fühle, wollte der Journalist wissen. »Ich bin sehr aufgeregt!«, antwortete ich.

Der Vorraum des Plenarsaals füllte sich mit Abgeordneten, Gäst*innen und Journalist*innen. Einige fragten mich, ob ich nervös sei, andere wünschten mir Glück, ich bejahte und bedankte mich. Die Wahl war als letzter Punkt vor der Mittagspause angesetzt. Ehrlich gesagt konnte ich mich nicht so ganz auf die Debatten davor konzentrieren. Ich saß im Plenarsaal, blickte zur Tribüne und hoffte, dass meine Freund*innen Anne, James und Annso rechtzeitig erscheinen würden und vor allem meine Familie. Zum ersten Mal würden sie alle gleichzeitig da sein.

Am Tag der Landtagswahl, dem 7. Mai 2017, hatte ich nur eine Person mitnehmen dürfen und ich hatte Saka gefragt, meine älteste Schwester. Am Tag meiner Vereidigung waren meine Freundin Lara, mein Mann Joschka und meine Mutter da, aber meine Schwestern konnten nicht dabei sein. Bei unserer Antirassismuskonferenz, für mich einer der bedeutendsten Tage in diesem Parlament, saßen unzählig viele Freund*innen, Mariam, meine ein Jahr ältere Schwester, und Medina, meine kleine Schwester, meine Mutter und Joschka im Plenarsaal, nur Saka konnte nicht teilnehmen. Heute waren sie alle da. Als ich sie reinkommen sah, war ich beruhigt und glücklich.

Nun stellten sich mir andere Fragen, zum Beispiel, wie es genau ablaufen würde. Musste ich, falls ich gewählt würde, nach vorne gehen und noch mal einen Eid schwören? Würde die Sitzung einfach weitergehen? Ich beschloss, dass das erst mal nicht so wichtig war. Wichtiger war, dass es mit der Wahl klappte. Im schleswig-holsteinischen Landtag gibt es 73 Abgeordnete, demnach reichten 37 Stimmen, so viel hatte ich mir vorher ausgerechnet. Da sich für heute 4 Abgeordnete abgemeldet hatten, würden 35 Stimmen reichen. Ich wollte in dem Moment, in dem das Ergebnis verlesen wird, nicht lange überlegen müssen. Es war nicht meine erste Wahl und auch nicht meine erste Ergebnisverkündung, aber dazu kommen wir später.

Der Tagesordnungspunkt dreizehn wurde aufgerufen: »Wahl einer Landtagsvizepräsidentin«. Ich konnte die Aufregung kaum unterdrücken und rutschte nervös auf meinem Stuhl herum. Auf der Tribüne saß meine Familie in der letzten Reihe hinter Schüler*innen und anderen Besucher*innengruppen und reckte die Köpfe. Ich hatte ihnen eine Nachricht geschickt, dass sie sich nach vorne setzen sollten, aber sie antworteten, sie könnten von ihren Plätzen alles sehr gut sehen. Es war so typisch! Wenn es eine Sache gibt, die meine Familie wirklich gut kann, dann ist es, sich bloß nicht unnötig in den Vordergrund zu drängen. Aber da hatten sie die Rechnung ohne Daniel Günther und Monika Heinold gemacht. Der Ministerpräsident kam zu mir und sagte, er habe Monika, seine Stellvertreterin und meine Parteikollegin, gebeten, meiner Familie vorzuschlagen, sich nach vorne zu setzen. Ich war sehr dankbar für diese herzliche Geste, und auch dafür, dass er mir viel Glück für die Wahl wünschte. Nun saß meine Familie dort, wo ich sie sehen konnte, und es ging los.

Der Landtagspräsident eröffnete den Tagesordnungspunkt: »Mit der Drucksache 19/1625 haben die Fraktionen von CDU, Bündnis 90/ Die Grünen und FDP die Abgeordnete Aminata Touré zur Wahl als Landtagsvizepräsidentin vorgeschlagen ...« und nun wurde es hart für den schüchternen Teil meiner Familie (und das sind eigentlich alle außer Saka und mir), »… in diesem Zusammenhang darf ich die Familie ganz herzlich auf der Tribüne des Schleswig-Holsteinischen Landtages begrüßen!« Es wurde geklatscht und ich bin mir sicher, dass es ihnen da oben todesunangenehm war. Aber sie ließen sich nichts anmerken und lächelten tapfer. Für einige Sekunden dachte ich daran, wie unglaublich gut es ist, dass wir immer zusammengehalten haben. Ich glaube, dass es vielen Menschen so geht, die außer der Kernfamilie keine weiteren Verwandten im selben Land haben. Es gab immer nur uns sechs. Uns fünf, als mein Vater uns verließ.

Nachdem das Prozedere erklärt worden war, riefen die Schriftführer*innen die Abgeordneten einzeln auf, zur Wahlkabine zu gehen und ihre Stimme abzugeben. Als mein Name vorgelesen wurde, stand ich auf und ein Kamerateam folgte mir bis kurz vor die Wahlkabine. Ich hatte dem Film zugestimmt, also musste ich da jetzt durch. Nachdem alle gewählt hatten, wurde die Sitzung für zehn Minuten unterbrochen und ich konnte endlich wieder Luft holen.

Nach der Pause folgte das Ergebnis. Ich warf noch einen Blick zur Tribüne, zu meiner Familie, und konzentrierte mich dann darauf, nach vorne zu schauen. »Abgegebene Stimmen 69, gültige Stimmen 69, ungültige Stimmen keine, Jastimmen 46, Neinstimmen 15, Enthaltungen 8. Damit ist der Wahlvorschlag mehrheitlich angenommen worden.« Im offiziellen Protokoll der Sitzung stehen danach in Klammern die Worte »Anhaltender Beifall im ganzen Haus«.

Kolleg*innen stürmten auf mich zu, umarmten mich und ich erhielt Blumensträuße. Anscheinend gab es also keine zusätzliche Vereidigung. Nach den Glückwünschen folgten die Interviews. Eine Journalistin fragte mich, ob ich enttäuscht sei, dass nicht alle Abgeordneten der demokratischen Fraktionen für mich gestimmt hätten, ich erwiderte, dass ich einfach nur froh sei, gewählt zu sein. Wenn man die Dinge so mache, wie ich sie mache, sagte ich ihr, dann wisse man, dass nicht alle Menschen es nur großartig finden.

Der Saal war inzwischen leer, weil alle in die Mittagspause gestürmt waren. Ich ging raus und da standen meine Familie und meine Freund*innen. Ich lief auf sie zu und umarmte alle. Zuletzt meine Mutter und ich verkniff mir die Tränen, denn natürlich hielten auch die zwei Kamerateams auf diesen Moment.

Ich hatte völlig unterschätzt, was nach dieser Wahl passieren würde. Meine Wahrnehmung war falsch, ich dachte nämlich, dass es vielleicht für meine Familie und mich etwas Besonderes war, und dass vielleicht politikinteressierte Menschen in Schleswig-Holstein davon Notiz nehmen würden. Es kam anders. Die nächsten Tage bestanden aus einem einzigen Ansturm von Presseanfragen, es gab nicht nur in Deutschland alle möglichen Meldungen und Berichte, sondern auch in den USA, in Großbritannien und sogar in Mali, dem Land, in dem meine Eltern geboren waren. Und was noch viel wichtiger war: unfassbar viele Menschen, die sich mit mir freuten, die mir Nachrichten schrieben.

Ich war zur ersten afrodeutschen und jüngsten Vizepräsidentin in einem deutschen Parlament gewählt worden. Obwohl ich eigentlich sehr viel über diese Dinge nachdenke, hatte ich unterschätzt, wie viel es auch anderen Menschen bedeuten würde, mich an diesem Ort zu sehen.

Mehr sein

Der 28. August 2019, als ich zur Vizepräsidentin des schleswig-holsteinischen Landtags gewählt wurde, war einer der Tage, an denen ich mich frage, wofür ich stehen möchte. Was ich mit der Aufmerksamkeit tun will, die mir entgegengebracht wird, und was ich mit der Macht anstellen möchte, die ich als Abgeordnete ja zweifellos habe. Aber natürlich sind das keine Fragen, die man sich einmal stellt, beantwortet und abhakt. Sie begleiten mich jeden Tag, seit ich Politik mache.

Auch in diesem Buch möchte ich mich diesen Fragen widmen. Ich möchte aufschreiben, was es bedeutet, jung, Schwarz und eine Frau zu sein. In unserer Gesellschaft. In Deutschland. In der Politik. Ich möchte meine Erfahrungen teilen und den vielen Schwarzen Menschen, Frauen, People of Color, Menschen aus marginalisierten Gruppen und jungen Menschen, die etwas ändern wollen, aber nicht wissen, wo sie anfangen sollen, den Anstoß geben, den ich brauchte, um in die Politik zu gehen. Nicht einfach, weil das für mich die richtige Entscheidung war, weil diese Arbeit mich erfüllt, weil sie tolle Begegnungen und große Momente (auf die frustrierenden komme ich erst später zu sprechen) mit sich bringt, sondern, weil die Politik genau diese Menschen braucht.

Das Bild, das viele junge Menschen von Parteipolitik haben, und das auch ich einmal hatte, ist nicht besonders gut. Manches davon sind Vorurteile, manches sind Dinge, die auf den ersten Blick nicht besonders einladend, in einer Demokratie aber ganz einfach notwendig sind. Doch es gibt durchaus Elemente in diesem negativen Bild, die der Wahrheit entsprechen. Posten, die nur der Posten wegen angestrebt werden und nicht für die Gestaltungsmacht, die mit ihnen einhergeht. Aufmerksamkeit, die nur für das eigene Ego gesucht wird und nicht der Macht zur Veränderung wegen, die sie bedeutet. Es gibt Entscheidungen, die aus den falschen Gründen getroffen werden, und Entscheidungen, die nicht richtig erklärt und begründet werden. Das alles gibt es, ich konnte es nun schon ein paar Jahre erleben. Und die Folgen davon lassen sich leider auch von außen sehr leicht beobachten: Das Vertrauen in Politik als den Ort, an dem der Rahmen für unser Zusammenleben gefunden wird, nimmt ab. Und das zu einem Zeitpunkt, an dem wir mit unterschiedlichen Krisen konfrontiert sind, die kluge Korrekturen dieses Rahmens brauchen. Sei es die Klimakrise, die Spaltung der Gesellschaft oder soziale Ungerechtigkeit.

Das sind Probleme, für die die Politik Lösungen finden muss. Und dafür braucht es Menschen, die sich dieser Aufgabe annehmen, die die Probleme sehen und die den Anspruch haben, etwas zu verändern. Denn ich glaube, dass Politik mehr sein kann – mehr sein muss – als die Verwaltung der gegebenen Verhältnisse, dass es um mehr gehen muss als um Machterhalt.

Ich möchte Menschen dafür begeistern, sich politisch

einzubringen, weil es notwendig ist und weil es sich lohnt. Denn obwohl viele junge Menschen in Deutschland es nicht anders kennen, ist unsere Demokratie keine Selbstverständlichkeit. Sich für sie einzusetzen und sie zu verteidigen muss unser aller Anliegen sein. Sie lebendig zu halten und sie mit neuen Ideen zu bereichern, ist keine Sache, die wir irgendwem oder anderen Generationen überlassen können. Und dafür braucht es Menschen, die mit verschiedenen Erfahrungen, Motivationen und Vorstellungen zusammenkommen, um gemeinsam gute Lösungen zu finden.

Meine Eltern sind in einem Land aufgewachsen, in dem es keine funktionierende Demokratie gab. Ich bin immer dankbar dafür gewesen, in einer Demokratie zu leben und es ist eine Ehre für mich, Abgeordnete sein zu dürfen. Aber es gibt unzählige Möglichkeiten, sich politisch einzusetzen, in einer Partei, in Organisationen, hauptberuflich oder ehrenamtlich. Nicht alles liegt allen gleich gut, nicht alles passt zu den eigenen Talenten oder Fähigkeiten. Ich treffe oft Menschen, die es sich nicht vorstellen können, ein politisches Amt zu übernehmen. Weil sie Angst haben, dann ständig unterwegs und erreichbar sein zu müssen, ihr ganzes Privatleben einzubüßen, sich ständig auf anstrengende Diskussionen einlassen zu müssen oder sich zu langweilen – es gibt natürlich unzählige Gründe. In diesem Buch möchte ich von meiner Arbeit als Politikerin erzählen, denn ich habe schon oft die Erfahrung gemacht, dass sich mit ein bisschen Wissen sehr viele der Vorbehalte auflösen, die sich auf Gerüchte und Vermutungen stützen. Ich verspreche nicht, dass die folgenden Geschichten in allen Punkten dem widersprechen, was an Vorurteilen über Politiker*innen und ihre Arbeit in Umlauf ist. Aber ich habe doch den Anspruch, deutlich zu machen, dass es keine Vorgaben dafür gibt, wie man zu sein hat und wer man zu sein hat, wenn man in der Politik ist. Zum Glück. Denn die Politik und damit die Gesellschaft können nur davon profitieren, dass die Aufgabe Politiker*in immer wieder neu ausgefüllt wird.

Es sollte in der Politik mehr Menschen geben, die etwas verändern wollen und die dafür auf verschiedene Hintergründe und Erfahrungen zurückgreifen können, migrantische, arme Personen oder Angehörige anderer marginalisierten Gruppen. Dass diese Menschen dort unterrepräsentiert sind, ist weder ein Zufall, noch ist es die Folge von fehlender Motivation. Es liegt auch nicht daran, dass sie sich zu fein dafür sind, dass ihnen ihre Zeit zu schade ist oder sie Besseres zu tun haben. Es liegt an den Zugangsbarrieren. Wer die politischen Räume nur aus der Ferne kennt, wer ohne das selbstverständliche Wissen darüber aufgewachsen ist, wie Politik funktioniert, wie man sich als Politiker*in verhält, darstellt, positioniert oder absichert, wird genau dadurch davon abgehalten, selbstbewusst in diese Räume zu gehen. Wenn ich von meinem Weg in die Politik erzähle, von den Herausforderungen und Rückschlägen, dann um genau dagegen anzukämpfen. Denn Selbstverständlichkeiten brechen auf, wenn man um sie weiß. Wenn man die Verhaltensmuster zu verstehen beginnt, wenn man die Rituale als solche erkennt.

Doch fehlendes Wissen um die Vorgänge ist nur einer von zahlreichen Mechanismen, die dafür sorgen, dass Menschen über sehr unterschiedliche Möglichkeiten verfügen, um »in die Politik zu gehen«. Denn es gibt viele Menschen, denen es an anderen Dingen fehlt, in deren Alltag die Prioritäten anders liegen. Die keine Zeit haben, weil sie mit ihren verschiedenen schlecht bezahlten Jobs gerade so hinkommen. Weil sie Kinder haben oder Menschen in ihrem Umfeld pflegen. Oder keine Kraft mehr haben, weil sie täglich Diskriminierung ausgesetzt sind. Weil wir in einer Gesellschaft leben, in der die Menschen nicht nur unterschiedliche Startbedingungen haben, sondern auch unterwegs noch sehr unterschiedlichen Problemen begegnen. Und klar, man könnte diese Probleme als persönliche Herausforderungen abtun – aber wenn so vielen Menschen jeden Tag die gleichen Probleme begegnen, sind es eben politische Herausforderungen. Das müssen wir verstehen und angehen, wenn wir als Gesellschaft und als Politik mehr sein wollen.

Heute, knapp zwei Jahre nach diesem Tag und fast vier Jahre, nachdem ich Landtagsabgeordnete wurde, schreibe ich darüber. Was in dieser Zeit passiert ist, fühlt sich für meine Familie und mich manchmal immer noch surreal an. Niemals hätten wir uns vorstellen können, dass eine von uns eines Tages in einem Parlament sitzen würde, dass eine von uns diese Gesellschaft vertreten und Entscheidungen für sie treffen würde. Es sind die Momente, in denen ich mir vornehme, das Privileg, Politik machen zu dürfen und Abgeordnete sein zu können, für diejenigen zu nutzen, die dieselben Erfahrungen gemacht haben wie meine Familie und ich. Für Menschen, die in den meisten Strukturen unterrepräsentiert sind aufgrund ihres Alters, ihres Geschlechts, ihrer sexuellen Identität, ihrer Herkunft oder ihrer Religion.

Dieses Buch soll ein Beitrag sein, diesem Anspruch näherzukommen. Ich wollte es jetzt schreiben und nicht irgendwann als Rückschau auf mein Leben in der Politik. Als ich mir vor einigen Jahren überlegte, ob ich in eine Partei gehen soll, und später, ob ich mich für ein Amt oder ein Mandat bewerben soll – und ich treffe heute oft junge Menschen, die genau in dieser Situation sind –, habe ich immer wieder Autobiografien von großen Politiker*innen gelesen. Es waren bessere und schlechtere Bücher dabei, aber manchmal hätte ich es doch gerne näher dran gehabt: Ich hätte gerne von jemandem gelesen, der*die ganz unmittelbar vor meiner Haustür gerade Politik macht. Vielleicht ist das hier der Versuch, ein solches Buch zu schreiben. Ich hoffe, dass es einige von euch motiviert. Manchmal scheinen die Herausforderungen, vor denen wir als Gesellschaft stehen, unfassbar groß und nicht lösbar. Man fragt sich, was für einen Unterschied macht es schon, wenn ich da nun auch mitmische? Aber ich glaube, dass es eben einen Unterschied macht. Dass jede Generation die Aufgabe hat, diese Gesellschaft mitzugestalten und zu verändern. Zum Guten.

Weil wir mehr sein können.

Wir sind die nächsten Generationen

Wir sind die nächsten Generationen
voller Träume, die wahr werden können.
Fühlen uns schuldig
für die Träume unserer Eltern,
die nicht wahr werden konnten.

Ich blicke hoch,
sehe meine Mutter
auf der Tribüne.
Es ist unser Moment –
und doch bin ich es, die ihn lebt.

Wir gewöhnen uns daran.

In dem Moment, in dem sie dieses Land betreten,
beerdigen unsere Eltern ihre Träume.

Ihre Träume sind fortan unsere
und unsere ihre.

Von vorne

Als ich am 15. November 1992 geboren wurde, waren meine Eltern noch nicht einmal ein Jahr in Deutschland. Dass die Bedingungen, unter denen ich aufwuchs, nicht die gleichen waren wie bei der Mehrheit in dieser Gesellschaft, wurde mir erst viele Jahre später klar. Die ersten fünf Jahre nach meiner Geburt lebten wir im Stadtteil Faldera in Neumünster. Ich persönlich habe diese Zeit überwiegend als schön wahrgenommen. In Gesprächen mit meinen älteren Geschwistern oder meiner Mutter wird mir jedoch immer wieder bewusst, dass sie diese Zeit ganz anders in Erinnerung haben. Viel schmerzvoller. Ich hatte wohl das Glück, so jung zu sein, dass ich wenig verstand und vieles, was wir erlebten, als normal empfand. Um mich herum waren Kinder aus allen Teilen der Welt, die die meiste Zeit gemeinsam draußen verbrachten und spielten. Es gab alle Altersstufen, von Kleinkindern bis zu jungen Erwachsenen. Ich wusste, dass unser Leben irgendwie ein wenig anders war, als das derer, die ein paar Häuser weiter lebten, aber ich konnte noch nicht einschätzen, inwiefern. Für mich war die Flüchtlingsunterkunft mein Zuhause. Wir lebten in unserer Wohnung und zum Duschen ging man eben in den Keller. Aber wenn man nichts anderes kennt, dann empfindet man es auch nicht als merkwürdig. Von den Erwachsenen hörte man oft Sätze wie »Hast du Papiere« oder »Hast du Duldung«, aber diese Worte spielten in meiner Welt keine Rolle – anfangs.

Saka ging bereits zur Schule, was Mariam und ich extrem cool fanden. Wir konnten es kaum abwarten, selbst dorthin zu gehen. Wir waren schon ziemlich erpicht darauf, etwas anderes zu sehen als unsere vier Wände, den Parkplatz, die große Wiese vor und den Wald hinter dem Haus. Ich weiß noch, dass ein Mädchen aus der Ukraine, das in unserem Alter war, in den Kindergarten gehen durfte und wir nicht. Das hatte »aufenthaltsrechtliche Gründe«, auch so ein Wort. Wir warfen ihr neidvolle Blicke zu, wenn sie hinging oder zurückkam.

Bis zu unserer Einschulung hatte meine Mutter es sich zur Aufgabe gemacht, Mariam und mir das Rechnen, Schreiben und Lesen auf Deutsch und Französisch beizubringen. Dafür hatte sie sich etwas in ihren Augen ganz Hervorragendes ausgedacht: Aus der Rückwand eines alten Schranks bastelte sie eine Tafel, sprühte sie mit schwarzer Farbe an, kaufte Kreide und schon gab es zu Hause Unterricht. Natürlich. Wenn ich an meine Mutter denke, und zwar in jeder Phase meines (und auch ihres) Lebens, dann sehe ich ihren entschlossenen Blick und ihre klare Haltung. In ihren Augen ist nichts unmöglich, man muss sich schlichtweg Mühe geben. Meine Mutter hat uns damals nie erklärt, weshalb sie so viel Kraft und Energie in unsere Bildung investierte. Ich nahm es einfach hin, dass man eben sehr viel lernen musste und auch gut sein musste.

Später erst begriff ich, dass sie versuchte, uns auf ein Leben vorzubereiten, in dem wir es immer schwer haben würden. Ein Leben, in dem man immer die andere sein und unterschätzt werden würde. In dem viele Menschen einen für dumm und unfähig halten werden. Als wir älter wurden, sagte meine Mutter uns einen Satz, den ich mir eingeprägt habe: »Dort, wo andere 100 Prozent geben werden, werdet ihr 200 Prozent geben müssen, um dasselbe zu erreichen.« Dafür wollte sie uns wappnen. Einige romantisieren so etwas und finden es toll, dass meine Mutter all das getan hat. Und es ist auch wirklich toll. Das finde ich auch. Ein Problem wird es, wenn diese Romantik die Tatsache überdeckt, dass es grundfalsch ist, dass es Menschen in unserer Gesellschaft gibt, die für Außenstehende unbemerkt mit diesen zusätzlichen Anstrengungen aufwachsen.

Um das Gift der Unzulänglichkeit, den Gedanken, dass man weniger kann als andere, nicht in sich streuen zu lassen, muss man wissen, wer man ist und was man kann, das war die Maxime zu Hause. Diese Erziehung war der Grund dafür, dass ich nie verstanden habe, weshalb man uns Schwarze Menschen für minderwertig gehalten hat und hält. Ich habe nie an die Unzulänglichkeit von Schwarzen Menschen geglaubt, sosehr diese Welt auch versucht hat, alle davon zu überzeugen. Stattdessen begann ich, an einer Welt zu zweifeln, die so verächtlich auf Schwarze Menschen blickt. Aber auch das Wissen um die rassistischen Strukturen dieser Welt, das man mit der Zeit erwirbt, verhindert nicht, dass das Gift sich in einem ausbreitet und man viele Momente des Zweifelns hat. Es braucht Strategien, um damit umzugehen, es erfordert ein tägliches Selbstvergewissern. Man muss sich schlicht jeden Tag sagen, dass man nicht minderwertig ist. Aber wie jeder Mensch hat man schlechte Tage, an denen das Gutzureden nicht wirkt. An denen die Summe an Verletzungen einen trifft und man sich schwach fühlt. An denen man den rassistischen Erzählungen mehr glaubt als all dem Wissen, das man sich angeeignet hat. Als all den Erfahrungen, die man gesammelt hat, die die rassistischen Zuschreibungen widerlegen. In diesen düsteren Momenten, manchmal Tage, manchmal Wochen, erfordert es Kraft und Resilienz, sich wieder auf die Beine zu stellen. Wenn ich höre, wie Menschen über Rassismus sprechen, wie sie sich fragen, ob er hier existiert und ihn damit komplett infrage stellen, denke ich an genau diese Momente. Ich denke dann, ihr habt doch keine Ahnung, wie tief verwurzelt Rassismus in dieser Gesellschaft ist und was er in uns bewirkt. Ihr hättet es gerne in knackigen Zweizeilern beschrieben, damit es euch besser geht. Damit ihr rezitieren könnt, was Rassismus ist. Möglichst kurz und knapp und verständlich und in den Schilderungen nicht allzu drastisch, sodass sie für die Mehrheitsgesellschaft verdaulich sind. »Nichts zu Belastendes, sodass die Leser*innen der Zeitungen nicht überfordert sind.« Wie oft wir das hören. »Man darf die Leute nicht überfordern.« Die Erfahrungsberichte über Rassismus sind nichts im Vergleich zu den jahrelangen Selbstzweifeln, Verletzungen und den Kämpfen in einer Gesellschaft, in der man so oft nicht akzeptiert wird. Sie sind nichts im Vergleich.

Ich kann mich mehr an die Französisch- als an die Deutschstunden erinnern. *»Un petit bébé ne fume pas la pipe«,* ist ein Satz, der bei mir hängen geblieben ist und über den wir uns heute noch kaputtlachen: Ein kleines Baby raucht keine Pfeife. Als ich in die Grundschule kam, konnte ich also lesen, schreiben und rechnen. Die Schreibschrift war anders als zu Hause, aber gut, ich musste flexibel sein.

Bevor Mariam eingeschult wurde, waren wir beide morgens zu Hause. Wir lernten und spielten zusammen und so fühlte sich das Nicht-in-den-Kindergarten-gehen-Dürfen nicht so schwer an. Als sie dann in die Schule ging, tauchte sie in die andere Welt ein, zu der ich noch keinen Zugang hatte. Ab sofort war ich morgens alleine. Klar, meine Mutter war da, aber eben keine Kids in meinem Alter. Ich stellte mir vor, dass alle anderen Kinder jetzt gerade ohne mich spielten und lernten. Manchmal war ich morgens draußen vor dem Haus und spielte alleine. Unsere Nachbarin von unten, eine alte Frau, die mit ihrer Familie hierhergeflohen war, sagte zu mir, dass meine Haare in der Sonne etwas rot leuchteten. Ich sei eine kleine Hexe. Ich musste lachen und fand es cool, dass sie das sagte. In meinen Augen war ich Schwarz und Schwarze Menschen hatten schwarze Haare, keine roten. Es war dennoch irgendwie ein melancholischer Morgen. Wenn ich mich heute daran erinnere, denke ich, dass ich wohl schon früh gelernt habe, was Melancholie bedeutet. Mir reichte es. Ich wollte in die Schule.

An einem Morgen brachten meine Mutter und ich Mariam zur Schule, was ich extrem aufregend fand, weil ich mir dabei vorstellen konnte, selbst zur Schule zu gehen. Ich durfte mir ihre Emilflasche um den Hals hängen und sie ihr zur Schule tragen. Auf dem Rückweg bemerkte ich, dass ich vergessen hatte, ihr die Flasche zu geben. Meine Mutter hatte einen Fotoapparat dabei und fotografierte mich. Auf diesem Bild strahle ich über beide Ohren. Ich fühlte mich wie eine kleine Erwachsene, also wie eine Grundschülerin.

Ich hatte mir immer vorgestellt, dass ich bald auf dieselbe Schule wie meine Schwestern gehen würde, aber kurz vor meiner Einschulung verließen wir Faldera und zogen in den Stadtteil Einfeld. Es war ein völlig anderes Umfeld und damit auch eine neue Etappe in unserem Leben. Wir durften die Flüchtlingsunterkunft verlassen, weil sie abgerissen wurde, und bezogen unsere erste eigene Wohnung. An unserem Status als Geduldete hingegen änderte sich nichts. Wir lebten weiter in der Unsicherheit, mit der ständigen Frage, ob wir in Deutschland würden bleiben können.

Der Umzug war ein absolut krasses Ereignis für uns. In Faldera war es völlig klar, dass alle Menschen, die in genau diesen Wohnblöcken lebten, die »Asylanten« waren. Ja, das sagte man damals noch ungenierter als heute. Es gab auch eine Abstufung: In den ersten beiden Wohnblöcken direkt an der Straße lebten diejenigen, die eine unsichere Bleibeperspektive hatten und jederzeit abgeschoben werden konnten. Dort lebten wir. In den zwei hinteren Wohnblöcken lebten diejenigen, die es »geschafft« und bereits ein Bleiberecht hatten. Man blickte voller Neid auf sie. Das war der Kosmos, in dem man lebte: bleiben dürfen oder nicht. Saka berichtete manchmal davon, dass sie in der Schule mit Worten wie »Verpiss dich in dein scheiß Asylantenheim!« konfrontiert wurde. Wenn ich heute darüber nachdenke, dann war es vielleicht doch nicht so schlimm, dass ich nicht in den Kindergarten gehen durfte. Zumindest konnte ich mir so die Illusion einer Welt, in der man verschieden ist, aber eben alle verschieden sind, noch aufrechterhalten.

Denn die Zeit, in der wir als Asylsuchende in der Flüchtlingsunterkunft lebten, war eine Zeit, in der in Deutschland Asylheime brannten. 1992, das Jahr meiner Geburt: in Rostock-Lichtenhagen zwischen dem 22. und 26. August. In Mölln am 23. November, acht Tage nach meiner Geburt. Die Ausschreitungen in Hoyerswerda, knapp ein Jahr zuvor, bevor meine Eltern nach Deutschland kamen, am 23. September 1991. 2015, als sich diese Ereignisse wiederholten, und ich im Bundestag als Mitarbeiterin für die flüchtlingspolitische Sprecherin der Grünen arbeitete, dachte ich darüber nach, was die Ereignisse damals für die Generation meiner Mutter und der älteren Kids, die in den 90ern hierhergeflohen sind, bedeutet hatten. Ich las alles, was ich dazu finden konnte, und stieß dabei auf den Brief, den Audre Lorde, wenige Wochen vor ihrem Tod, gemeinsam mit Gloria I. Joseph an den damaligen Bundeskanzler Helmut Kohl geschrieben hatte. Im *Tagesspiegel* war er unter der Überschrift »Rostock erinnert an die 30er-Jahre« abgedruckt worden. Sie kritisierten die Zustände in der deutschen Gesellschaft und prangerten die fehlende Solidarisierung und Positionierung der weißen Mehrheitsgesellschaft an. Sie fragen sich, ob Deutschland aus seiner Geschichte nichts gelernt habe, und sind entsetzt über die faschistische Stimmung in dem Land, das sie in den 80er-Jahren als Professorinnen kennengelernt haben. Diese Sätze beschreiben eindrucksvoll das

Problem dieser Zeit, und angesichts unserer gegenwärtigen Situation machen sie einen ziemlich nachdenklich:

Wo sind [...] die persönlichen und offiziellen Aufschreie gegen diese rassistischen Ausschreitungen und diesen Fremdenhaß? Wir sehen uns die Bilder aus Rostock an, und unsere Herzen sind schwer vor Angst um unsere eigene Sicherheit, die Sicherheit unserer Afro-deutschen Schwestern und Brüder und die von Jüdinnen und Juden, AusländerInnen und allen denen, die weiße deutsche Reaktionäre für unakzeptabel halten. [...]

Wenn die Öffentlichkeit sich wirklich um das Bild Deutschlands auf der gegenwärtigen Weltbühne Sorgen macht, wie können da die Bundes- und Landesregierungen drei Nächte eskalierender Wildheit gegen AusländerInnen zulassen, ohne laut und deutlich zu sagen: DAS MUSS AUFHÖREN! [...] und auf diese rassistische [...] Gewalt zu reagieren. Dies hat nichts mit dem gesetzlichen Standpunkt gegenüber Flüchtlingen zu tun.

Es hat mit einer offiziellen Stellungnahme zu tun, die das Zusammenschlagen, Verbrennen und Töten von Mitmenschen auf Grund unserer Hautfarben, unserer religiösen Praktiken, auf Grund dessen, wer wir sind, verurteilt, und damit, daß ein solches Verhalten überall gestoppt werden muß und zwar ungeachtet dessen, mit welcher nationalistischen Erklärung es stattfindet.

Rostock und Hoyerswerda und Übergriffe und Morde an Afro-Deutschen, AfrikanerInnen, türkischen und asiatischen Menschen in den letzten drei Jahren werfen nicht lediglich die Frage auf, wieviele AusländerInnen in Deutschland aufgenommen werden können oder wieviele abgewiesen werden müssen. [...] Ausschlaggebend sind die fundamentalen Fragen von Rassismus, Antisemitismus und Xenophobie, Probleme der deutschen Psyche, [...] die das gegenwärtig ausgedrückte Bewußtsein der breiteren deutschen Gesellschaft durchdringen. [...]

Wo sind die guten BürgerInnen, die sich nicht dem Schweigen ergeben? Die wachsende Zahl Deutscher, die sich organisieren und gegen den Haß, der in ihrem Namen ausagiert wird, protestieren, ermutigt mich. Aber ihre Zahl muß viel größer werden, und dies muß schnell geschehen.[1]

Wir Kleineren wuchsen damals zwar mit ganz unterschiedlichen, aber vor allem mit kindlichen Wünschen und Vorstellungen auf. Und obwohl die Angst vor einer Abschiebung mit der Zeit auch für uns mehr und mehr eine Rolle spielte, kann ich mein Schicksal nicht mit dem der Kinder vergleichen, die Fluchtrouten selbst erlebt haben, die mitansehen mussten, wie Familienmitglieder im Krieg oder auf dem Weg starben. Ich hatte das Glück, dass mein Leben in einem Land ohne Krieg begann. Und ich kann auch nur versuchen, mich in die Situation der Generation meiner Eltern und der älteren Kids hineinzuversetzen, die damals mit einem ganz anderen Bewusstsein gesellschaftliche Debatten und Stimmungen mitbekamen. Wie furchtbar muss es sein, zweimal in so massiven und gewaltsamen Wellen vermittelt zu bekommen, dass man nicht erwünscht ist und von Teilen der Gesellschaft gehasst wird? Wie ist es, das zweimal mitzubekommen? Einmal als ganz offensichtlich Betroffene, als in einer Flüchtlingsunterkunft Wohnende, und ein zweites Mal, Jahre später, als schon lange hier Lebende. Wie ist es, dann zu realisieren, dass man immer noch nicht akzeptiert ist als Teil der Gesellschaft?

Ich fragte meine Mutter und meine Schwestern nach dieser Zeit. Saka erzählte mir, dass sie vor allem Angst um meinen Vater hatte. Es muss einen Fernsehbeitrag gegeben haben, in dem ein Schwarzer Mann, der in einer Asylunterkunft lebte, von einer Horde Neonazis verfolgt und getötet wird. Die Nachrichten von den Anschlägen lösten Panik in ihr aus. Meine Mutter erzählte mir vom Partner einer Freundin, der seine gesamte Familie, seine Frau und seine Kinder, bei einem der Anschläge verloren hatte. Sie waren alle verbrannt. Mariam erzählte mir von der Feuerangst meiner Mutter, die sich auch auf sie selbst übertrug. Offene Flammen lösten in ihr ein ungutes Gefühl aus. Wenn sie brennende Kerzen am Tannenbaum sah, regte sich sofort der Impuls: »Das geht doch nicht! Das ist viel zu gefährlich.«

Der Taxifahrer, der uns nach der Schlüsselübergabe in Faldera abholte, warf einen Blick auf das Haus und sagte, er freue sich, dass wir nun einen neuen Lebensabschnitt beginnen könnten. Dieses Haus sei in keinem besonders guten Zustand und die Fenster sähen miserabel aus. Meine Mutter erwiderte, das sei nicht das größte Problem: Das größte Problem war, dass wir im ersten Stock lebten und die Gasheizungen offene Flammen hatten. Sie fürchtete sich davor, dass uns das Gleiche passieren könnte wie denen in den brennenden Asylunterkünften. Sie kaufte damals eine Leiter, um vorbereitet zu sein.

Wenn ich allein an die Geschichten denke, die meine eigene Familie erlebt hat, ist es mir unbegreiflich, dass auch heute noch, fast 30 Jahre später, Menschen fragen, ob es Rassismus in Deutschland überhaupt gebe und welche konkreten Auswirkungen er denn habe. Die 90er-Jahre haben deutlich gemacht, was passiert, wenn rassistischen Stimmungen in der Gesellschaft durch Politiker*innen toleriert und ausgenutzt, ja wenn sie angeheizt werden, indem bewusst oder leichtfertig Stereotype oder Denkbilder (re)produziert werden. Wenn die Polizei und andere staatliche Institutionen, die zum Schutz aller Bürger*innen da sind, nur zusehen, wenn Neonazis Molotowcocktails in Flüchtlingsunterkünfte werfen.

Wieso hat sie niemand geschützt? Wenn wir heute Debatten über Rassismus führen und dabei Ereignisse wie diese vergessen oder der abgeschlossenen Vergangenheit zuordnen, dann zeigt das genau unser Problem. Wir sind davon überzeugt, dass Deutschland kein Problem mit Rassismus hat. Diese ganze Widerwärtigkeit hörte ja 1945 nach dem Ende des Zweiten Weltkrieges einfach auf.

Wenn ich heute höre, wie Politiker*innen in dieselben rassistischen Kerben schlagen, dann weiß ich, wie es in den 1990ern zu so etwas kommen konnte und wieso wir heute in dieser Situation sind. Die maximale Ignoranz im Vorfeld solcher Ereignisse und das anschließende Bedauern. Ganz so, als gäbe es keinen Zusammenhang, als hätten diese Dinge keine Ursachen, keine Geschichte. Wenn ihr mich fragt, dann haben wir die rassistischen Anschläge der 1990er-Jahre in Deutschland noch längst nicht aufgearbeitet. Wieso lernen wir dazu nichts in den Schulen? Wieso hören wir nichts davon? Weshalb führen wir keine gesellschaftlichen Debatten darüber und weshalb gehört es nicht zum Allgemeinwissen? Wieso muss ich meine Mutter fragen? Wieso stellen wir diesen Teil unserer Geschichte als abgeschlossen dar? Er ist Teil deutsch-migrantischer, also deutscher Identität. Ich weiß um die vielen People of Color, die sich mit dieser Phase auseinandergesetzt haben und damit unfassbar wichtige Arbeit geleistet haben. Ich will, dass das, was sie über diese Ereignisse geschrieben haben, was sie an Wissen mit sich tragen, noch viel mehr Menschen vermittelt wird. Ich will deutsch-migrantische Geschichten hören und sehen, und zwar als Selbstverständlichkeit und nicht als »etwas Besonderes«. Hört auf, uns als Gäste zu behandeln. Wir sind hier und wir werden bleiben. Solange es in diesem Land lebenswert ist. Ich kann euch versichern, dass es viele Menschen gibt – jüdische, Schwarze, migrantische Menschen, die schon länger darüber nachdenken, dieses Land, ihr Land, zu verlassen. Ist das nicht eine traurige Entwicklung? Im Ernst. Ist das nicht eine verdammt traurige Entwicklung für ein Land, das vor gar nicht allzu langer Zeit die Ausgrenzung von Minderheiten systematisiert hat? Für ein Land, das die industrielle Vernichtung, die Verfolgung und das Ausschließen von Jüd*innen, Homosexuellen, Sinti*zze und Rom*nja, Schwarzen durchgeführt hat? Es ist alles nicht losgelöst voneinander zu betrachten. Das Gift, das sich einmal ausgebreitet hat, kann sich auch ein zweites Mal ausbreiten. Es ist unsere verdammte Verpflichtung und Verantwortung, das nicht wieder passieren zu lassen. Ich will nicht, dass wir es ritualisieren, dass Minderheiten in diesem Land Angst um ihr Leben haben und hohe Entscheidungsträger*innen hinterher einfach nur bedauern, was passiert ist. Ja, sicher, es ist wahrscheinlich utopisch zu hoffen, dass man Hass auf Minderheiten komplett beseitigen kann. Aber ebenso sicher ist, dass wir es mit diesen sich wiederholenden Debatten über Rassismus oder Antisemitismus nicht schaffen werden. Nicht, solange sie so dürftig geführt werden und wir immer wieder bei null anfangen. Ein Land, das so viele Erfahrungen damit gesammelt hat, sollte heute an einem ganz anderen Punkt sein.

Wir Angehörige von Minderheiten, die wir am meisten darunter leiden, sind diejenigen, die den Versuch starten, etwas an diesem Zustand zu ändern. Wir müssen es tun, weil die Mehrheitsgesellschaft es nicht ausreichend tut. Und es geht im wahrsten Sinne des Wortes auch um unser Überleben, es ist eine Überlebensstrategie. Es ist wahnwitzig, wie oft ich gefragt werde, warum ich mich mit diesem Thema auseinandersetze. Ja, Entschuldigung, weil ich es muss. Ich würde mich auch lieber mit anderen Dingen beschäftigen als mit dem Hass, der uns entgegenschlägt, aber es geschieht nicht ausreichend und deshalb muss ich dafür streiten. So lange, bis wir ebenbürtig behandelt werden und gleichberechtigt leben. Und ich weiß, warum ich das gefragt werde: weil viele die Notwendigkeit nicht sehen. Weil sie nicht davon betroffen sind und es als nebensächlich empfinden. Unsere Leben sind aber nicht nebensächlich. Es geht um unser Grund- und Menschenrecht, diskriminierungsfrei leben zu können. Rassismus ist nicht weit weg, weder zeitlich noch räumlich. Rostock-Lichtenhagen, Mölln, Hoyerswerda, Hanau, Halle, das alles passierte hier, mitten in Deutschland. Wundert ihr euch nicht manchmal, dass wir zu jeder Rassismus- oder Antisemitismusdebatte sofort sprechfähig sind und Tausende Erfahrungen teilen können? Wundert ihr euch nicht, dass viele von uns schon seit Langem ein Expert*innenwissen angelegt haben? Dass wir dazu forschen, schreiben, singen, rappen, dichten? Unter uns sind viele, die diese Debatten seit Jahrzehnten führen. Die Jahrzehnte rassistischer Gewalt erlebt haben. Sie haben das nicht vergessen. Wir haben das nicht vergessen. Unsere Geschichten werden viel zu selten gehört, gerade die der Elterngeneration. Das muss sich ändern. Ich will mehr migrantisches Wissen und Leben sehen. Im Straßenbild, in den Schulen, in den Universitäten und in unseren demokratischen Institutionen.

Und ich bin es leid, leise darum zu bitten, dass wir als gleichberechtigter Teil dieser Gesellschaft akzeptiert werden. Deshalb bitte ich nicht mehr, sondern fordere es ein. Ich fordere, dass Deutschland das Versprechen, das es uns gegeben hat, einlöst. Immer wieder hören wir, dass sich alles ändert, wenn wir »gut integriert« sind, wenn wir uns »Mühe geben«. Aber es stimmt nicht. Es stimmt nicht, dass wir als gleichberechtigter Teil gesehen werden. Die meisten begreifen nicht, warum sie es genau aus meinem Mund hören. Sie denken sich: »Was will sie denn noch? Sie ist doch schon Landtagsvizepräsidentin. Sie ist doch mehr als akzeptiert!« Aber so funktioniert das nicht.

Dieses »Was will sie denn noch?« macht mich wütend, weil darin auch der Gedanke steckt, dass, wenn eine Schwarze Person in irgendeinem Bereich erfolgreich ist, keine Schwarze oder migrantische Person mehr mit Rassismus konfrontiert ist. Stellt euch die Frage, ob eine Schwarze Person, die asylsuchend ist, denselben Respekt erfährt wie ich (jedenfalls dann, wenn Menschen wissen, welchen Job ich habe). Stellt euch die Frage, ob man als Schwarze Person Vizepräsidentin eines Landtags werden muss, damit Menschen einem etwas zutrauen und einen als ebenbürtig behandeln.

Die Mehrheitsgesellschaft aber wiegt sich sofort in Sicherheit, wenn sie eine Person hat, die sie immer wieder erwähnen kann, als Beispiel für ihre Fortschrittlichkeit. Als wäre der Beweis dafür, dass man in diesem Land alles schaffen kann, damit geführt, weil ich »es geschafft habe« – *whatever that means*. Ich habe es irgendwann aufgegeben, mich zu fragen, ob ich überhaupt etwas fordern darf oder ob es vermessen ist, weil dieses Land uns ja immerhin schon aufgenommen hat. Dieses Gefühl kommt nicht von ungefähr. Es kommt durch die zahlreichen Menschen, die einem immer wieder sehr deutlich zu verstehen geben, dass wir als Menschen mit Migrationsgeschichte nicht zu viel verlangen dürfen. Dass wir dankbar sein sollen und keinen Anspruch auf Veränderung in dieser Gesellschaft haben dürfen. Aber wer das so sieht, der will kein Land, in dem wir gleichberechtigt nebeneinanderleben. Der will ein Land, das Bürger*innen erster und zweiter Klasse hat.

Von Beginn an

Ich wurde desintegriert
     –   von Beginn an.

Wurde unaufrichtig informiert fortan.
Ich sei desintegriert, weil wir alle so seien.

Wer ich bin,
sollte ich herausfinden, ohne den Anspruch, von hier zu sein.

Man sagte mir,
ich sei nicht von hier,
aber integrier dich hier,
sei wie wir,
du bist nicht wie wir,
du kannst nicht sein wie wir,
du wirst nie sein wie wir,
du bist anders als wir,
du bist kein Teil von hier,
du wirst nie sein wie wir

— ich werde Teil eines eigenen Wir und werde verurteilt dafür, dabei will ich nichts anderes als

meine Ruhe.

Teil sein von etwas, das auch meinem Wir entspricht.
Denn mein Wir ist frei von eurem, das nicht alle meint.

In die Politik

Ich bekomme sicherlich 5–10 Mal die Woche über unterschiedliche Kanäle die Frage gestellt: »Wie kann man sich politisch einbringen?« Diesen Wunsch so konkret zu formulieren, ist eigentlich schon der größte und wichtigste Schritt. Ich selbst habe diesen Gedanken sehr lange mit mir herumgetragen, was man sich wohl denken kann, wenn man weiß, dass ich nach dem Abitur anfing, Politikwissenschaft zu studieren. Aber das hatte auch andere Gründe – dazu kommen wir später.

Im ersten Semester an der Christian-Albrechts-Universität zu Kiel hatte ein Dozent uns vorsichtig darauf hingewiesen, dass wir uns im Laufe des Studiums unbedingt auch mit der schleswig-holsteinischen Politik auseinandersetzen sollten. Politik hieß für uns Berlin, Bundestag. Landespolitik hörte sich erst mal einfach sehr langweilig an. Ich erinnere mich daran, dass ich irgendwann in dieser Zeit zu Hause auf der Couch lag, über mein Leben sinnierte und an die Worte des Dozenten denken musste. Also riskierte ich einen Blick in die schleswig-holsteinische Parteienlandschaft und schaute nach, wer sich aus welchen Gründen für welche Themen einsetzte, und wer etwas zu den Themen beizutragen hatte, die mir wichtig waren. Ich verschaffte mir einen Überblick und stellte schnell fest, dass ich nicht bereit war für eine Partei.

Aber ich wusste nun, dass ich mir Politik aus der Nähe angucken konnte, ohne in eine Partei zu gehen: Das Land Schleswig-Holstein hat einen parteilosen Beauftragten für Flüchtlings-, Asyl- und Zuwanderungsfragen. Ich klickte die Seite an, schrieb eine Initiativbewerbung für ein Praktikum, im Rahmen meines Studiums musste ich sowieso eines absolvieren. Wenig später erhielt ich eine Zusage und so war der erste Schritt getan, parteilos.

Eigentlich wollte ich mich nie wieder in meinem Leben mit dem Thema Flucht und Asyl beschäftigen, das hatte ich mir geschworen, nachdem wir die deutsche Staatsbürgerschaft erhielten. Es hatte sich wie ein Befreiungsschlag angefühlt, sich nie wieder mit Ausländerbehörden und der Angst vor der Abschiebung auseinandersetzen zu müssen. Das war zu diesem Zeitpunkt ca. sieben Jahre her. Aber irgendwie ließ es mich nicht los. Einerseits, weil der Eindruck, nicht ganz Teil dieser Gesellschaft zu sein, irgendwie blieb, und andererseits, weil ich ja wusste, dass nach wie vor Menschen ihre Heimat verließen und in Asylunterkünften lebten.

Der Flüchtlingsbeauftragte wird durch das Parlament gewählt und vertritt in der Landespolitik die Interessen geflüchteter und Asyl suchender Menschen. Dazu gehört zum Beispiel die Beratung in Gesetzgebungsverfahren oder die Zusammenarbeit mit Bürger*inneninitiativen und den verschiedenen Ämtern und Ministerien. Eine gute Gelegenheit, um die schleswig-holsteinische Politik kennenzulernen und damit auch die unterschiedlichen Fraktionen und ihre Positionen. Und eine gute Gelegenheit, um zu sehen, ob meine Überzeugungen in irgendeine Partei passen und wie ich meine Argumente schärfen kann. Der Mitarbeiter des Flüchtlingsbeauftragten merkte, dass mir das Praktikum Spaß machte und ich Lust auf politische Arbeit hatte. Als wir auf dem Rückweg von einem Termin mit Flüchtlingsorganisationen am Parlamentsgebäude vorbeigingen, sagte er, dass ich eigentlich dort Politik machen sollte.

Tatsächlich hatte ich zu diesem Zeitpunkt schon die Entscheidung getroffen, mir die Grünen näher anzusehen. Seit ich das Praktikum machte, hatte ich sehr genau überlegt, bei wem mir die Überzeugungen und Positionen richtig und die Ideen interessant vorkamen. Auch bei der SPD und bei der Linken gab es Konzepte zu sozialer Gerechtigkeit, Migration und feministischer Politik, denen ich voll zustimmen konnte, gleichzeitig aber auch eine Männerlastigkeit, die mich eher abschreckte. Ich hatte schlichtweg keinen Bock, als 19-Jährige in einer Runde zu sitzen, in der ich eine von sehr wenigen Frauen sein würde. Die Fraktion der Grünen bestand zur Hälfte aus Frauen und ich konnte mich mit den Politiker*innen identifizieren, die ich aus dem Fernsehen kannte, Überzeugungstäterinnen wie Claudia Roth oder Menschen mit Migrationsgeschichte wie Cem Özdemir. Hier, so hatte ich das Gefühl, würde ich keine Außerirdische sein.

Ich fühlte mich zwar immer noch nicht so richtig bereit für eine Partei, aber ich wollte es auf einen Versuch ankommen lassen: Ich könnte ja bei der Jugendorganisation anfangen, nichts überstürzen! Erst mal würde ich zu einem

Treffen der Grünen Jugend gehen. Ich weiß, das mag jetzt arrogant klingen, aber ich hatte eigentlich keine Lust auf eine Jugendorganisation. Warum? Weil ich es uncool fand. Ich hatte ein genaues Bild vor Augen, wenn es um Jugendorganisationen ging. Alles Wichtigtuer*innen. Alles Wichtigtuer*innen, die im jungen Alter schon so klangen, als hätten sie keine Jugend gehabt – freiwillig. Wichtigtuer*innen, denen es schon immer sehr wichtig war, recht zu haben. Junge Menschen, die sich gerne aufspielten wie die Großen und von den Großen deswegen erst recht nicht ernst genommen wurden. Einen kleinen Vorgeschmack hatte ich in der Schüler*innenvertretung bekommen. Dort hatte ich genau solche Leute kennengelernt, aber immerhin hatte ich gerne mitgemacht und war im letzten Schuljahr sogar Schulsprecherin geworden. Entweder gehörte ich also selbst zu diesen Menschen oder sie waren vielleicht doch nicht so schlimm.

Über die Schulsprecher*innenrolle hatte ich damals ziemlich viel nachgedacht. Mich nervte es an mir, dass ich oft Lust hatte, Aufgaben zu übernehmen, die als uncool galten. Mich in Zusammenhänge zu begeben, die einem auf den ersten Blick nicht zusagen. Denn ich hatte damals schon den Eindruck, dass bestimmte Strukturen undurchlässig erscheinen, weil sich aus irgendwelchen Gründen immer derselbe Schlag Mensch in ihnen wiederfindet, während sich alle anderen dafür zu besonders fühlen. Was würden meine Freund*innen davon halten, fragte ich mich. Aber sie wussten, dass es mich in den Fingern juckte. Sie wussten, ich würde es tun, und ich wusste, sie würden mich trotzdem akzeptieren. Ich werde die Aufgabe auf meine Art machen, dachte ich mir. Als Schulsprecherin hatte ich dann gemerkt, dass man erst, wenn man Verantwortung übernimmt, versteht, was alles dahintersteckt. Man beginnt, die Strukturen und auch die eigenen Vorgänger*innen mit anderen Augen zu sehen.

Auch in Sachen Partei fasste ich nun also den Vorsatz, mich einzubringen, dabei aber nie meinen eigenen Kopf zu verlieren. Auf keinen Fall vergessen, die Dinge zu hinterfragen. Aus meiner Anfangszeit in der Grünen Jugend sind mir viele Gespräche in Erinnerung geblieben, bei denen ich einfach in die Runde fragte, warum das nun die Position der Grünen Jugend sei. Und dann diskutierten wir offen darüber. Es half mir, die Zusammenhänge zu verstehen, und ich glaube, es brachte diejenigen, die schon länger dabei waren, in die Situation zu erklären und damit reflektieren zu müssen. Ich habe das in den folgenden Jahren immer wieder beobachtet: Neue Menschen in Gruppen zwingen einen dazu, die eigene Position zu untersuchen. Denn die Positionen müssen im Einklang mit den Grundsätzen sein und die bespricht man sonst eben nicht jeden Tag.

Bei der Grünen Jugend wurde ich sehr herzlich begrüßt. Als Erstes ging ich zu einer Landesmitgliederversammlung in einer Jugendherberge und wurde direkt eingebunden. Neumitglied bei der Grünen Jugend und den Grünen zu sein ist Fluch und Segen zugleich: Eine kleine Partei, und das war sie damals wirklich noch, freut sich immer über neue Gesichter, die bereit sind, sich einzubringen. Es ist unbedingt ratsam, sich zu überlegen, ob man das erste Angebot mit »Ja« beantworten möchte. Ich sagte blitzschnell

»Ja!« und so wurde ich einige Treffen später Delegierte für den Landesparteitag. Das bedeutete, dass ich die Position der Grünen Jugend auf dem Parteitag der Alt-Grünen vertreten sollte, wie wir sie liebevoll nannten.

Zu diesem Zeitpunkt war ich noch kein Parteimitglied und ich hielt es für die perfekte Gelegenheit, um mir einen Eindruck zu machen: Als Delegierte muss man sich alle Anträge durchlesen, die zur Abstimmung stehen, man folgt den Reden und Debatten und stimmt ab. Obwohl die Beschlüsse und Positionen in der Vorbereitungssitzung der Grünen Jugend besprochen werden, kann man selbst abstimmen. Man ist die Stimme der Grünen Jugend, aber man darf sich durchaus eigene Gedanken machen. Man ist noch nicht Teil der Partei, aber man darf schon mitmischen und sich einbringen. Ein paar Tage später rief mich jemand vom Vorstand der Grünen Jugend an, um zu fragen, ob ich denn überhaupt Grünenmitglied sei.

Aha, ganz so einfach war es mit dem Reinschnuppern also nicht. Ich musste mich entscheiden: entweder das Amt als Delegierte der Grünen Jugend aufgeben oder Mitglied bei BÜNDNIS 90/ DIE GRÜNEN werden. Ich stand also wieder am Anfang. Und ich stellte mir noch einmal die Frage, weshalb ich so krasse Berührungsängste mit Parteien hatte. Waren sie aus mir selbst gewachsen oder hatte ich einfach Angst davor, »uncool« zu sein? Keine Ahnung. Ich dachte: Was soll schon passieren, wenn es nichts ist, kann ich auch wieder austreten. Ich beschloss, Delegierte zu sein, und diesen Entschluss als Entschuldigung dafür zu nehmen, in so etwas Altbackenes wie eine Partei einzutreten.

Mein erster Landesparteitag in Neumünster überrollte mich dann ziemlich. Alles war hektisch, ich verstand nur Bahnhof und ich begriff auch nicht, weshalb die Kameras die ganze Zeit diesem einen Typen folgten, den ich noch nie gesehen hatte. Später erfuhr ich, dass das unser Umweltminister Robert Habeck war. Aha! Muss jemand Wichtiges sein, dachte ich mir. Der andere Delegierte der Grünen Jugend war schwer beschäftigt und hatte keine Zeit, mir alles zu erklären. Ich hab also versucht, mich reinzufuchsen, und fragte einfach die Menschen neben mir.

Im Politikbetrieb ist es wie in vielen anderen Branchen: Wenn man hier arbeitet und eingebunden ist, lebt man, ohne es selbst immer zu merken, in einem eigenen Kosmos. Man denkt, dass alle jederzeit genau wissen, wer wer ist und was gerade aus welchem Grund passiert. Das Schöne an unserer Partei, wie ich sie damals kennengelernt habe, ist, dass niemand ein Problem damit hat, wenn jemand nicht ständig Bescheid weiß. Es ist völlig normal, dass Abgeordnete, Minister*innen und Schüler*innen zusammen in Gremien sitzen und jeweils ihre Meinung kundtun. Bei einer Parteiratssitzung hörte ich mal, wie sich zwei Frauen unterhielten. Die eine, um die 16 Jahre alt, kannte ich aus der Grünen Jugend. Sie fragte die Frau neben sich:

»Und wer bist du so?«

»Monika Heinold!«

»Ah, cool! Und was machst du hier so?«

»Ich bin hier Finanzministerin.«

»Ah, das ist ja cool!«

Sie unterhielten sich weiter, bis die Sitzung losging. So

eine Situation sollte normal sein, aber sie ist mir so gut im Gedächtnis geblieben, weil ich mir vorstellen kann, dass es Parteien gibt, in denen eine 16-Jährige gar nicht erst neben der Finanzministerin sitzen würde.

Als Politiker*innen sind wir den ganzen Tag damit beschäftigt, Entscheidungen zu treffen: von der Pressemitteilung, über die Aufgaben für Mitarbeiter*innen, bis hin zu weitreichenden Gesetzen. Dabei vergisst man gerne, dass der eigene Kosmos nicht der der Menschen da draußen ist. Man geht oft davon aus, dass alle wissen, was hier gemacht wird, aus welchen Gründen und zu welchem Zweck. Es ist eine ständige Herausforderung, sich selbst und den politischen Kosmos nicht für die ganze Welt zu halten, ihn einerseits nicht zu wichtig zu nehmen und sich andererseits der immensen Verantwortung bewusst zu sein.

Heute denke ich bei jedem Parteitag daran, dass es jetzt in diesem Moment sicher jemanden gibt, der absolut keine Ahnung hat, was da gerade passiert. Jemand versteht nicht, warum da vorne ein Gewusel von Menschen herrscht, die bestimmt irgendwie wichtig sind. Einige Parteitage später sind sie es dann, die den Neuen erklären, warum, wie und in welcher Reihenfolge abgestimmt wird, wer da gerade redet, weshalb dieses Thema gerade für Unruhe sorgt, warum eine Abstimmung knapp verloren oder gewonnen wurde, welche Folgen das haben wird, wieso gerade jetzt irgendeine Abgeordnete oder Ministerin sauer ist, weil die Partei die eigene Position überstimmt hat. Das versteht man meist nicht nach einem Parteitag, aber vielleicht nach dem zweiten oder dritten. Es ist kein Labyrinth mehr und man beginnt zu verstehen, dass Parteien ein Eigenleben haben. Wenn man eine Abstimmung verliert, weil sich zu viele dagegen aussprechen, lernt man, dass man das nächste Mal einen besseren Antrag schreiben und im Vorfeld mehr Menschen davon überzeugen muss. Man kann aber genauso die Erfahrung machen, dass man niemanden von den eigenen Anliegen überzeugen kann, man nur Gegenwind bekommt und diese Partei vielleicht doch nichts für einen ist. Das kann passieren. Das Wichtigste ist, sich darüber im Klaren zu sein, dass man Fehler machen wird und man die anderen mal überzeugen wird und mal nicht. Und was man vorher schon wissen sollte, ist, dass Parteien nichts für Einzelkämpfer*innen sind. Keine Partei ist jemals von einer Sache überzeugt worden, wenn nicht einige sich zusammengetan haben, um gemeinsam dafür zu streiten.

Die Fragen, wie, wo und ob sich jede*r politisch einbringen sollte, lassen sich nicht mit einem einzigen Satz beantworten, weil die Gründe für politisches Handeln und die Lebensumstände sehr verschieden sein können. Deine eigene Geschichte, deine Wut, deine Freude und dein Antriebswillen können ganz andere sein als die meinen. Obwohl ich überzeugt davon bin, dass es mehr Menschen und vor allem sehr unterschiedliche Menschen braucht, die in politische Räume gehen, versuche ich mir immer wieder klarzumachen, dass viele Menschen nicht die Möglichkeiten haben, um politisch aktiv zu sein.

Dabei gibt es einige, die es könnten, es aber nicht tun. Ich bin sehr viel unterwegs und begegne den unterschiedlichsten Menschen, die zwar die unterschiedlichsten Überzeugungen und Anliegen, die in Bezug auf Politik aber eines gemeinsam haben: die Ohnmacht, die aus einer gefühlten Ohnmacht entsteht. Es gibt durchaus Gründe dafür, von den Verhältnissen frustriert zu sein. Aber mich frustriert ehrlich gesagt immer wieder die Ohnmacht, in die sich Menschen selbst versetzen. Es wird niemand anrufen und sagen: »Ey, komm mal in die Politik und kümmere dich um dieses oder jenes Thema.« Warum nicht? Weil es in der Politik um Macht und die Verteilung von Macht geht. Und die geben die wenigsten gerne und vor allem freiwillig auf. Deshalb muss man sie für sich beanspruchen. Nicht, dass ihr mich falsch versteht: nicht mit Gewalt oder koste es, was es wolle, sondern mit der nötigen Portion Mut. Es kann sich immer herausstellen, dass die anderen es nicht für richtig oder wichtig halten, was man tut. Manchmal muss man das akzeptieren. Aber ganz sicher ist: Es wird dich niemand anrufen. Du musst dir selbst einen Tritt in den Hintern verpassen. Es wird anstrengend sein, es wird Rückschläge geben und sicher auch mal Widerstand. Aber es wird eben auch die Momente geben, in denen du etwas durchsetzen konntest und dann stolz auf ein Parteiprogramm blickst, in dem deine politischen Ideen stehen. Bestimmt nicht genau so, wie du sie formuliert hast, und du wirst sicher auch oft denken: »Ich habe zu 100 % recht!« Aber niemand hat einfach zu 100 % recht.

Viele sagen: »Ich könnte das nicht! Ich hätte keine Lust auf Kompromisse.« Aber Kompromisse sind, gerade in einer Gruppe von Menschen, die grundsätzlich in die gleiche Richtung läuft wie man selbst, nichts Falsches. Ich habe mir in der Partei oft gedacht: »Ich will meinen Punkt hier genauso durchgeboxt bekommen!« Dann wurde ich Abgeordnete in einer Koalition mit Liberalen und Konservativen, und plötzlich habe ich mir die Kompromisse in der eigenen Partei, die sich vorher manchmal schon richtig hart angefühlt haben, geradezu herbeigesehnt. Es ist wichtig, eine eigene Meinung und Position zu haben. Es ist also wichtig, nicht sofort jeden Kompromiss einzugehen, ohne auch nur eine Millisekunde gekämpft zu haben. Was man aber immer vor Augen haben muss, ist, dass Demokratie neben Einsatz und Leidenschaft eben auch Geduld und Ausdauer erfordert. Die muss man mitbringen, um Dinge zu verändern.

Dass nicht alle Menschen die gleichen Möglichkeiten haben, Einsatz, Leidenschaft, Geduld und Ausdauer aufzubringen, liegt auf der Hand. Dass sie dadurch von politischen Prozessen abgeschnitten werden, sollten wir uns aber öfter klarmachen: Weil sie in einer finanziell schwierigen Situation sind, weil sie in einer aufenthaltsrechtlich schwierigen Situation sind, weil sie in einer familiär schwierigen Situation sind, weil sie in einer gesundheitlich schwierigen Situation sind, weil sie vielleicht einfacher oder mehrfacher Diskriminierung ausgesetzt sind oder weil sich in ihrem alltäglichen Leben einfach schon die Herausforderung stellt zu überleben. Das klingt dramatisch, aber es kann eben wirklich schwer oder sogar unmöglich sein, in einer Gesellschaft zu überleben, in der

man sich seine Daseinsberechtigung immer wieder er-
kämpfen muss – neben den Herausforderungen, die das
Leben ohnehin schon stellt. Sie müssen erklären, weshalb
sie als Schwarze Person Jura studiert haben und im Auswärtigen Amt arbeiten. Sie müssen erklären, weshalb sie
als trans Frau zu Recht für sich beanspruchen, von einer
Frauenquote zu profitieren. (Wieso? Weil sie Frauen sind!)
Sie müssen erklären, weshalb sie als behinderte Person einen Verein haben, um für die eigenen Rechte zu kämpfen.

Menschen wundern sich über meine Geschichte, weil es
eben nicht vorgesehen war, dass eine alleinerziehende Mutter, die nach Deutschland geflohen und phasenweise auf
staatliche Hilfe angewiesen war, ihr Kind durch das System
bringt, und dass dieses Kind schließlich mit am politischen
Entscheidungstisch sitzt. Die Strukturen bevorzugen Menschen, die aus anderen Verhältnissen kommen. Das beginnt
schon damit, dass politisches Engagement oft ehrenamtlich gemacht wird – gerade am Anfang. Und unendlich viele
Stunden unentgeltlich mit Politik zu verbringen, erfordert
eben Zeit und finanzielle Sicherheit. Doch das ist längst
nicht alles. Auch wenn man es sich leisten könnte, ist man
vielleicht mit bestimmten Bildern und Stereotypen aufgewachsen und hat darüber durch die Gesellschaft vermittelt
bekommen, was man kann und was man nicht kann. Die
politischen Strukturen bevorzugen Menschen, denen seit
Tag eins auf dieser Welt gesagt worden ist: Du kannst alles
machen und schaffen. Du wächst gut auf, du gehst auf eine
gute Schule, du gehst auf eine gute Universität und hast danach einen guten Job. Viele werden das nie verstehen, weil

sie davon überzeugt sind, dass sie ihren Erfolg ausschließlich harter Arbeit verdanken. Doch es stimmt schlichtweg nicht. Ja, sie haben sich sicher bemüht. Aber die Voraussetzungen machen einen Unterschied. Angefangen beim Geld, beim Elternhaus, über die Hautfarbe und das Geschlecht, bis zum Umfeld, in dem man aufwächst, den Freund*innen, die man hat. Das alles sind Faktoren, die relevant sind. Manche wollen es nicht verstehen, weil sie sonst anerkennen müssten, dass sie Privilegien haben. Und das ist unangenehm, weil es den persönlichen Anteil am eigenen Erfolg schmälert. Deswegen wird die Geschichte gerne andersherum erzählt: Man pickt sich eine Person heraus, die eben nicht der Mehrheitsgesellschaft entspricht und sagt dann: »Guck, du bist doch das Beispiel dafür, dass jede*r es schaffen kann.« Bullshit. Ich bin genau das Beispiel dafür, dass es eine Seltenheit ist. Ich würde gerne behaupten, dass alles total leicht ist und man es einfach machen soll. Aber die Wahrheit ist, Politik ist nicht einfach, sich zu trauen ist nicht einfach. Nichts ist garantiert und selbst wenn man ein Mandat hat, wenn man vom Politikmachen leben kann, ist nicht garantiert, dass es keine Rückschläge geben wird. Und es verfolgt einen der Gedanke, dass immer der Moment kommen kann, in dem man irgendetwas falsch macht und es vorbei ist.

Mein Weg in die Politik bedeutet eben nicht, dass es total leicht ist und man es einfach machen muss. Der amerikanische Traum übersetzt in den deutschen Traum. Einige Details werden gerne vergessen oder ausgeblendet. Zum Beispiel, dass meine Eltern Akademiker*innen sind. Ich komme aus einem Elternhaus, in dem Bildung immer eine Rolle gespielt hat und es war völlig klar, dass wir vier Mädchen Abitur machen würden. Lange Zeit habe ich nicht verstanden, warum Menschen erstaunt waren, dass wir alle Abitur gemacht haben. Später wurde mir klar, dass eine Schwarze akademische Familie nicht zu dem Bild passt, das viele Menschen in unserer Gesellschaft von geflüchteten Menschen haben. Ich könnte sagen, es ist nicht mein Problem, dass die Leute eben ein anderes Bild haben. Aber es ist eben mein Problem, weil das permanente Unterschätztwerden und das Infragestellen der eigenen Fähigkeiten Narben hinterlassen. Immer wieder kleine Stiche, so beschreibt es Alice Hasters in ihrem großartigen Buch *Was weiße Menschen nicht über Rassismus hören wollen: aber wissen sollten*. Die Selbstzweifel verfestigen sich mit jedem Stich und man muss »entlernen«, man muss das Bild, das andere Menschen von einem haben, abschütteln, um dort weitermachen zu können, wo man tatsächlich steht. Ja, es gehört ein Stück weit zum Leben, dass man an sich selbst zweifelt und sich infrage stellt. Aber sich infrage zu stellen, weil die Gruppe, zu der man gehört, grundsätzlich unterschätzt wird, kränkt und geht ins Mark. Es geht nicht mehr um einen selbst und man wird nicht mehr als das gesehen, was man ist.

Meiner Mutter hat einmal jemand direkt ins Gesicht gesagt, es sei krass, welchen Weg ihre Töchter gegangen sind, dafür, dass sie unsere Mutter ist. Diese Unverschämtheit machte mich unglaublich wütend. Was für eine Ignoranz, Arroganz und Respektlosigkeit. Ich weiß genau, woher eine solche Annahme kommt. Sie geht davon aus, dass ich diesen Weg alleine gegangen bin.

Mein Weg in die Politik ist die Ausnahme. Es ist eine »besondere Geschichte«, ich merke es täglich an den Reaktionen von Menschen. Und indem er eine Ausnahme ist, bestätigt er die Regel. Denn es wäre keine Ausnahme, wenn nicht das Gegenteil die Regel wäre. Die Regel ist, dass es junge Schwarze Frauen in den Räumen, in denen ich mich bewege, kaum gibt. Dass dies so ist, ist wiederum kein Zufall, denn Strukturen wachsen nicht zufällig. Sie wachsen zum Beispiel, um bestehende Machtverhältnisse zu erhalten. Weil es etwa einfacher ist, in Räumen zu diskutieren, in denen Menschen, die die politischen Entscheidungen direkt betreffen, nicht anwesend sind. Ich glaube, dass eine andere Entscheidungsdynamik entstehen würde, wenn wir vermehrt in diesen Räumen wären. In unserer Vielfalt.

Wenn mein Weg in die Politik etwas Besonderes ist, dann zeigt er gerade nicht, dass es allen möglich ist, alles zu erreichen. Ich will aber, und deswegen schreibe ich das hier, dass viel mehr Menschen diesen Weg gehen. Denn ich glaube nicht, dass wir uns auf irgendjemanden oder irgendetwas verlassen können, um die Probleme zu lösen. Und dass wir es selbst tun müssen ist, wie man so sagt, Fluch und Segen zugleich. Fluch, weil es schöner wäre, wenn wir unsere Positionen vertreten wüssten durch all diejenigen, die bereits politische Verantwortung tragen. Segen, weil es bedeutet, dass diese Demokratie uns die Möglichkeit gibt, es selbst in die Hand zu nehmen. Um die Regel zu durchbrechen, reichen die einzelnen Ausnahmen nicht. Es braucht viel mehr Menschen, die sich trauen und die es wagen.

Ich schreibe das hier nicht für diejenigen, die glauben, mein Beispiel zeige, dass es leicht ist. Nicht für diejenigen, die Dinge sagen wie »Ach, dein Migrationshintergrund hilft dir doch«. Oder: »Es hilft dir doch, eine Frau zu sein.« Diese Umkehrung, ein Privileg zu machen aus dem, was in dieser Gesellschaft immer ein Nachteil war, können nur Menschen, die selbst privilegiert sind. Sie zeigen mit solchen Aussagen, dass sie unsere Lebensrealität nie verstehen werden oder wollen. Menschen, die verstehen wollen, werden immer wissen und sehen, dass die Selbstverständlichkeit, die suggeriert wird, keine ist. Dass die Wege, auf denen einem regelmäßig, mal mehr und mal weniger subtil gezeigt wird, man sei »die andere«, nicht bequem sind.

Ich habe euch nicht von meinem Parteieintritt erzählt, um zu zeigen, dass es leicht wäre, und eigentlich auch nicht, um zu zeigen, es lohne sich (obwohl es das tut, glaubt mir). Ich habe davon erzählt, um zu sagen, dass wir politisch sein müssen, dass wir in die Politik gehen müssen. Ich höre oft den Satz: »Ich bin nicht politisch, ich kenne mich mit Politik nicht aus.« Ich kann diesen Satz nicht gelten lassen, aus zwei Gründen: Die letzten Seiten handelten von den Dingen und den Zusammenhängen, die einen daran hindern, »in die Politik zu gehen«. Dass man sich nicht auskennt, ist keiner dieser Gründe. Nicht alle Institutionen und Politiker*innen beim Namen zu kennen, ist ein Zustand, der veränderbar ist. Wer regelmäßig die Nachrichten verfolgt, lernt sie kennen. Auch wer zu seinem ersten Parteitag geht und die Minister*innen und Abgeordneten nicht kennt, wird normalerweise nicht hinausgeworfen. Was hinter dieser Aussage steht, ist viel eher die Frage: »Darf man sich überhaupt zu Politik äußern, wenn man sich nicht auskennt?« Und die Antwort ist: »Natürlich darf man das.«

Politisch sein ist etwas anderes, als souverän Gespräche über Politiker*innen und politische Institutionen zu führen. Ich glaube, die wenigsten Menschen sind unpolitisch. Politisch sein fängt in dem Moment an, in dem man in Bezug auf unser gesellschaftliches Zusammenleben Dinge hinterfragt, kritisiert oder über neue Lösungen nachdenkt.

»Wieso kostet der Bus zur Schule eigentlich Geld, obwohl nicht alle Eltern die Kohle haben, ihn zu bezahlen? Wäre es nicht besser, wenn er kostenlos wäre?«

»Ich finde es super anstrengend, beides zu organisieren: Mutter zu sein und dann auch noch zu arbeiten. Eigentlich ist Muttersein an sich schon ein Vollzeitjob. Warum wird das nicht genauso anerkannt?«

»Mir ist aufgefallen, dass in der Schule richtig oft über meine Herkunft gesprochen wird oder eigentlich über die Herkunft von allen, die halt anders aussehen. Wieso spielt das eine so große Rolle?«

Solche Fragen habe ich oft von Menschen gehört, die entweder davor oder danach gesagt haben, sie seien unpolitisch. Dabei hatten sie mit den Fragen deutlich gemacht, dass sie sich sehr wohl Gedanken darüber machen, wie wir unser Zusammenleben anders oder besser organisieren könnten, also: politische Gedanken. Es ist nicht das Recht von einigen wenigen, sondern die Pflicht von allen, sich damit auseinanderzusetzen. Politisch aktiv zu sein und etwas verändern zu wollen, ist die viel größere Herausforderung.

Sich politisch einzubringen, kann frustrierend und wunderbar sein. Es wechselt oft und manchmal ist es beides gleichzeitig. Was man tun kann und wie man sich engagieren kann, hängt davon ab, was man an Kraft, Zeit und Leidenschaft einzubringen bereit ist. Und wozu man die Möglichkeit hat. Ich stand am Anfang ohne einen genauen Plan da, ich wusste nur, dass ich etwas tun will. Ich hatte immer den Eindruck, dass ich mehr wissen müsste. Mehr studiert haben müsste. Mehr gelesen haben müsste. Mehr Lebenserfahrung haben müsste. Aber sind es nicht immer diese Zweifel, mit denen Menschen, die unterrepräsentiert sind, davon abgehalten werden, Dinge zu tun, die sie gerne tun würden und die sie für wichtig halten?

Ihr hört nicht zu

Ihr wollt, dass wir unsere furchtbarsten Erfahrungen mit euch teilen.
Warum?
Ihr wisst, sie existieren.
Wir wissen, sie existieren.
So viele, die diese Geschichten erzählen und wiedererzählen.
Und wiedererzählen.
Und wiedererzählen.
Und wieder aufschreiben.
Und wieder erleben.
Und wieder erleben und dann erzählen.
Erleben.
Erzählen.
Aufschreiben.
Wieder passiert etwas.
Wiedererzählen.
Wiedererzählen.
Wiedererzählen.
Wieder aufschreiben.

Ihr wollt, dass wir unsere furchtbarsten Erfahrungen mit euch teilen.
Warum.

Ein anderes Leben

In Einfeld war das Leben anders. Wir hatten unsere eigene Wohnung, aber wir waren auch nicht mehr umgeben von Menschen aus aller Welt, die versuchten, sich hier ein neues Leben aufzubauen. Einen Block weiter lebte auch eine Schwarze Familie, aber ansonsten waren wir umgeben von vielen weißen Menschen. Ich realisierte erst später, dass es unser Schwarzsein war, das die Situation so anders machte.

Vor unserem Haus waren ein Sandkasten und die gemeinsame Spielwiese aller Kinder der anliegenden Wohnblöcke. Mariam, Medina und ich verbrachten dort viel Zeit. Medina aß viel Sand, Mariam versuchte, sie davon abzuhalten, und meine Mutter wiederum versuchte, Mariam davon abzuhalten, sich alle Steine, die sie draußen fand, in die Hosentaschen zu stecken und damit unsere Waschmaschine kaputt zu machen. Ich verhielt mich tadellos, so meine Erinnerung.

Zu meinem großen Glück nahm nun auch das Thema Schule immer mehr Gestalt an: Da ich nicht in den Kindergarten gehen durfte, wollten meine Eltern mich früher einschulen lassen, mit 5 Jahren, ein Jahr vor den anderen Kindern meines Jahrgangs. Dafür musste ich eine Art Eignungstest machen. Ich kann mich nicht mehr an viel erinnern, außer dass ich sehr aufgeregt war, meine Eltern dabei waren und ich einige Dinge beschreiben und benennen musste. Das meiste wusste ich, aber dann kam die eine Frage, bei der plötzlich alles auf dem Spiel stand. Auf einem Blatt Papier war ein Gegenstand abgebildet. Der Prüfer fragte mich nach dem Wort. Aber ich wusste es nur auf Französisch: »*Fer à repasser.*« Ich wusste nicht, was ich nun tun sollte. Ich stellte mich darauf ein, nicht eingeschult zu werden, weil mir das Wort nicht einfiel. Plötzlich flüsterte mein Vater mir die Antwort zu, ich weiß bis heute nicht, warum er das Wort kannte: »Bügeleisen!« Der Lehrer blickte meinen Vater böse an und gab ihm zu verstehen, dass diese Prüfung mir und nicht ihm galt. Mein Vater wollte mir aus der Patsche helfen (vielleicht war er auch einfach glücklich, dass er das Wort kannte), und obwohl ich ahnte, dass er damit eher das Gegenteil erreichte, freute ich mich. Auch wenn ich dieses verdammte Wort nicht wusste, ein Wort, das ich niemals in meinem Leben vergessen werde, durfte ich eingeschult werden. Ein Feuerwerk der Gefühle. Ich konnte endlich loslegen.

Die Grundschule war für mich ein toller Ort. Ich freute mich jeden Tag, dort hinzugehen. Jeden Tag lernte ich irgendwas Neues dazu. Es fiel mir leicht, ich hatte mit drei anderen Mädchen eine Clique und eine tolle Klassenlehrerin, von der ich zu Hause jeden Tag schwärmte. Meine Familie äfft mich bis heute noch nach: »Frau Teupke, Frau Teupke, Frau Teupke!« Ich fand sie wunderbar. Genauso wie meine Mathelehrerin Frau Freund. Damals machte Mathe mir noch Spaß und meine Mutter hielt mir bis zu meinem Abitur den Satz vor, den Frau Freund damals gesagt hatte: »Wenn alle so gut in Mathe wären wie Amina, dann bräuchte ich keinen Unterricht machen!« Ich glaube, meine Mutter hat es auch deswegen bis heute nicht verkraftet, dass meine Leistungen in Mathe mit zunehmendem Alter immer durchschnittlicher wurden, weil sie damals so stolz war.

In der Grundschule lernte ich nicht nur die Fächer, sondern auch das »deutsche« Leben kennen. Zum Beispiel hörte ich zum ersten Mal vom Erntedankfest. In der Schule trockneten wir Äpfel und aßen sie. Wir gingen in die Kirche, die mit Kürbissen geschmückt war. Heute verbinde ich diese Erinnerungen mit dem Gedicht »Herbsttag« von Rainer Maria Rilke, das ich später auf der Gesamtschule lieben lernte:

Herr: Es ist Zeit. Der Sommer war sehr groß.
Leg deinen Schatten auf die Sonnenuhren,
und auf den Fluren laß die Winde los.

Die Bücherei neben der Schule war einer meiner Lieblingsorte. Ich fing an, Kinderbücher wie *Dolly* oder *Hanni und Nanni* zu lesen, ich konnte mir so viele ausleihen, wie ich wollte. Bibliotheken waren in meinem Leben seither unheimlich wichtig, erst mit meinem ersten Job im Deutschen Bundestag fing ich an, mir selbst (viele) Bücher zu kaufen.

Auch wenn ich meine neuen Freund*innen zu Hause besuchte, entdeckte ich eine Welt, die ich nicht kannte. Ich begriff erst nach und nach, dass ich anders aufwuchs. Obwohl es auch bei ihnen verschiedene Verhältnisse und Hintergründe waren, so hatte ich doch bei allen das Gefühl, dass ihr Zuhause Sicherheit und Geborgenheit ausstrahlte. Besonders große Augen bekam ich, wenn Freund*innen in Häusern lebten. Unfassbar, wie viel Platz sie hatten. Und ihre eigenen Zimmer. Keine nervigen kleinen oder großen Geschwister, mit denen sie es teilen mussten.

Wir lebten zu viert in einem Zimmer. Da war nicht viel mit Privatsphäre oder Freund*innen einladen. Ich tat es zumindest nicht gern, weil ich mich ein wenig dafür schämte, dass wir auf so engem Raum lebten. Die Wohnung war schön, in Schuss und immer vorzeigbar, aber ich schämte mich für die wenigen Quadratmeter. Eine Dreizimmerwohnung für sechs Menschen. Aber es war nicht nur die Größe der Häuser, um die ich die anderen beneidete. Es war auch die Art und Weise, wie sie eingerichtet waren: große Bücherregale, dekorierte Zimmer und Kinderfotos an den Wänden. Meine Schwester Saka hat es mal sehr passend beschrieben: »Wir haben irgendwie funktional gelebt. Immer ein wenig so, als wäre man jederzeit bereit, die Zelte abzubrechen und wegzugehen. Die Option, ästhetisch zu leben, war irgendwie völlig fremd für uns, weil wir nicht die Zeit und Kraft hatten, uns stundenlang Gedanken darüber zu machen, welche Kerze am besten zum terrakottafarbenen Sofa passt.« Und sie fügte hinzu: »Dasselbe galt für Haustiere. Für mich haben Haustiere immer eine Form der Beständigkeit symbolisiert. Wir konnten damals nicht wirklich Wurzeln schlagen.«

Ich war ganz froh, dass zumindest meine beste Freundin Johanna auch in einer Wohnung lebte. Die beiden anderen Mädchen in unserer Clique lebten in Häusern. So war es immerhin fifty-fifty. Bei meiner Freundin Marlene aßen wir zu Abend Brot mit Messer und Gabel. Das fand ich außergewöhnlich und ich dachte immer, dass das, was ich in einer weißen deutschen Familie erlebte, der Standard aller weißen deutschen Familien war. Wenn ich dann in einer anderen Familie erlebte, dass man es dort nicht tat, merkte ich, dass auch weiße Menschen unterschiedlich waren.

Ich habe weder davor noch danach so leckere Apfelpfannkuchen gegessen wie bei Marlene zu Hause. Das Essen spielt in der Erinnerung an die Familien meiner Freund*innen eine große Rolle, wie man dort aß und insbesondere, ob ich dort auch aß. Ich kann mich an mehrere solcher Momente erinnern, vor allem bei Freund*innen aus der weiterführenden Schule: Es gab Essen für die Familie und ich musste im Zimmer bleiben. Irgendwann erzählte ich meiner Mutter davon. Sie traute ihren Ohren nicht. Wieso lässt man ein Kind nicht mit mittag- oder abendessen? Wir waren lange Zeit arm, aber selbst an unseren schlechtesten Tagen gab es keine Situation, in der meine Mutter ein Kind, das zu Besuch war, nicht hätte mitessen lassen. Wenn ich an schöne Kindheitstage in der Flüchtlingsunterkunft in Faldera denke, dann verbinde ich sie damit, dass Essen immer geteilt wurde. Und was für ein Essen! Kosovarisch, russisch, türkisch, arabisch, togolesisch, angolanisch und vieles mehr.

Die Zeit in Einfeld war gut, aber nicht nur. Irgendwie war dort weniger Leben als in Faldera. Und ich machte eine meiner frühsten eigenen Erfahrungen mit rassistischen Angriffen. Ein erwachsener Mann, der meine große Schwester und mich bespuckte und mit dem N-Wort beleidigte. Zum Glück griff ein Passant ein, der die Situation mitbekam.

Auch meine Grundschulzeit war weitestgehend schön und doch fingen damals die Zweifel und die Verletzungen an. Und gleichzeitig war es nur ein Vorgeschmack auf Zeiten, die noch viel schmerzvoller werden sollten. Meine Mutter erzählte mir später von einer Situation, in der ich als Grundschülerin im Bus saß, wir kamen vom Schwimmen. Die anderen Kinder beleidigten und ärgerten mich, auch die, die eigentlich mit mir befreundet waren. Ich blickte stumm aus dem Fenster. Ich ignorierte die Tatsache, dass Kinder sich über mich und mein Schwarzsein lustig machten, mich verletzten. Ich selbst kann mich nicht an diesen Moment erinnern. Meine Mutter schon. Eine Lehrerin hatte ihr die Situation geschildert. Sie weiß noch, dass die Lehrerin zu ihr sagte: »Sie ist stark. Und Sie auch, Frau Touré.« Maman hat mir erzählt, wie es ihr die Tränen in die Augen schießen ließ. Sie sagt heute oft, dass sie nicht da war. Dass sie nicht da sein konnte in Momenten, in denen wir verletzt wurden. Ich verstumme in solchen Situationen, weil es mich schmerzt, dass es sie bis heute beschäftigt. Dabei habe ich mich nie von ihr alleine gelassen gefühlt, ganz im Gegenteil, sie war immer da.

Wenn ich mich an diese Zeit erinnere, denke ich darüber nach, was ich meinem jüngeren Ich heute sagen würde oder anderen jungen Menschen, die in einer ähnlichen Situation sind. Die damit zu kämpfen haben, »anders« zu sein. Es gibt so viele Dinge, die ich damals nicht wusste, aber die mir vielleicht geholfen hätten, die mich geschützt hätten: »Nicht ihr seid das Problem. Ihr seid wunderbar in eurer Vielfältigkeit. Die Verletzungen haben nichts mit euch zu tun, sondern mit dieser Welt, die Menschen unterteilt und abwertet.«

Wenn ich manchmal zurückblicke, dann denke ich darüber nach, wie der Schmerz sich durch unsere Kindheit gezogen hat. Es ist nicht fair, wie unterschiedlich wir aufwachsen. Und doch schaffen wir es – irgendwie. Ich würde meinem jüngeren Ich gerne sagen, dass es keine Angst davor haben muss, auch seine verletzlichen Seiten zu zeigen. Dass meine ehrlichsten Momente immer die waren, in denen ich das meiste bewegt habe. Dass es Momente waren, in denen ich mutig war und getrotzt habe. Manchmal bestand das Trotzen darin, aus dem Busfenster zu blicken, und manchmal darin, den Konflikt zu suchen. Durchatmen, lautstark ausatmen.

Obwohl ich viele dieser Momente verdrängt habe, bleiben so viele, an die ich denken muss, von denen mir das Gefühl vertraut ist. Oft werde ich gefragt: »Haben Sie schon einmal Rassismus erlebt?« Fragt mich lieber, wann ich Momente erlebe, in denen ich nicht daran denke. In denen ich nicht Angst vor der nächsten rassistischen Situation habe. Es sind zu viele Momente. Zu viele erniedrigende Momente, die schmerzen. Heute schaue ich nicht aus dem Fenster. Heute fixiere ich Menschen mit meinem Blick und atme durch. Heute spreche ich das Problem im nächsten Moment an. Es fühlt sich zugleich klein an und unfassbar groß, diese Dinge anzusprechen. Klein, weil eine Rede, in der ich das thematisiere, keine Strukturen auflöst. Und groß, weil sie Menschen manchmal eben doch nachdenken lässt. Klein, weil ich nicht jede Ungerechtigkeit aus dem Weg räumen kann. Groß, weil wir im Landtag einen Aktionsplan gegen Rassismus auf den Weg gebracht haben. Klein, weil ich die Auswirkungen dieses Prozesses nicht vorhersehen kann. Groß, weil wir diesen Prozess überhaupt gestartet haben. Klein, weil viele nicht verstehen, wie wichtig es ist, dass wir über strukturellen Rassismus sprechen, und groß, wenn man merkt, dass Menschen mitmachen, politische Prozesse angestoßen werden und kritische Reflexion stattfindet.

*

Nachdem wir für dieses Kapitel über die Zeit und die Erfahrungen gesprochen hatten, habe ich meine Mutter gefragt, ob sie aus ihrer Perspektive etwas für dieses Buch aufschreiben möchte. Über die Stärke, die man zwangsläufig entwickeln muss, wenn man sich nicht brechen lassen möchte. Als Schwarzes Kind. Als migrantisches Kind. Als Schwarze Mutter. Als migrantischer Elternteil. Ich möchte ihre Worte hier nicht zusammenfassen. Sie stehen auf den nächsten Seiten.

Im Herzen des migrantischen Lebens

Es ist eine große Ehre für mich, Sie an meiner Sicht auf unser Leben als Migrant*innen, hier in Deutschland, in meiner Wahlheimat, teilhaben zu lassen. Diese Gelegenheit verdanke ich meiner lieben Tochter.

Zuerst möchte ich sagen, dass mein Leben, das meiner Kinder, meiner Geschwister, zu jedem Zeitpunkt ein Kampf war, ist und bleiben wird. Aber auf eine sehr unterschiedliche Art und Weise. Einige werden erwidern, dass jedes Leben ein Kampf ist, dass das Leben kein langer ruhiger Fluss ist. Dessen bin ich mir durchaus bewusst. Jedoch hat das unsere eine andere Konnotation.

Es gibt Leute, die von Kindern mit Migrationsgeschichte, obwohl diese hier geboren sind, Deutschland als einziges Land kennen und sich nichts lieber wünschen, als Teil dieser Gesellschaft zu sein, eine unendliche Dankbarkeit erwarten. Ich möchte diesen Leuten sagen, dass diese Kinder selbstverständlich dankbar sind, dass diese Dankbarkeit sie jedoch nicht daran hindern darf und soll, ihre Stimme zu erheben, wo es nötig ist. Und dass diese Erwartung, Dankbarkeit zeigen zu müssen, selbst ein weiterer Beleg für die Diskriminierung dieser Kinder ist. Denn jene ohne Migrationsgeschichte wachen ja nicht jeden Morgen voller Dankbarkeit auf – und sie werden auch nicht zur Dankbarkeit aufgefordert, sobald sie ihre Meinung äußern.

Au cœur de la vie d'immigrés

C'est un grand honneur pour moi de pouvoir partager avec vous mon point de vue en ce qui concerne notre vie d'immigrés, ici en Allemagne, dans ma patrie d'adoption. Ce droit à la parole, je le dois à ma chère fille bien aimée.

Ainsi, je dirais pour commencer que ma vie, celle de mes enfants, de mes frères et sœurs est restera une lutte de tous les instants ! Mais une lutte à géométrie très variable. Certains répondront que chaque vie est une lutte, que la vie n'est pas un long fleuve tranquille, je suis parfaitement consciente de cela. Cependant, la nôtre a d'autres connotations!

Il y a des gens qui exigent que les enfants d'immigrés, qui sont pourtant nés ici, qui sont allemands, qui ne connaissent que l'Allemagne et ne demandent qu'à faire partie de cette société, soient indéfiniment reconnaissants. Je leur dis que ces enfants sont bien sûr reconnaissants, mais que cette reconnaissance ne peut pas et ne doit pas les empêcher d'élever leur voix là où il le faut, que cette exigence confirme une fois de plus l'existence de la discrimination que subissent ces enfants, car leurs compatriotes d'origine allemande ne se lèvent pas chaque matin en disant merci à l'Allemagne et ne sont pourtant pas sommés d'être reconnaissants s'ils usent de leur droit de libre expression.

Nos enfants sont allemands, resteront allemands, pense-

Unsere Kinder sind Deutsche und werden es bleiben. Sie sprechen und denken deutsch und sie werden die demokratischen Werkzeuge, die auch ihre sind, unbeschränkt nutzen. Wie allen anderen steht ihnen das Recht auf freie Meinungsäußerung zu. Man sollte es nicht wagen, ihnen diese so teuer erworbene Errungenschaft unserer Demokratie streitig zu machen.

Unsere Kinder haben viel durchgemacht. Ihnen wurde in vielen Momenten vermittelt, dass sie sich nicht zu viele Illusionen machen sollten, dass ihren Ambitionen Grenzen gesetzt sind.

Unter diesen Umständen war ein besonderes Maß an Charakterstärke und Entschlossenheit erforderlich, um die niederträchtigen Vorurteile zu überwinden, um zu sich selbst zu finden und zu bestehen. Das Scheitern jedoch bleibt der wahrscheinlichste und der von den meisten erwartete Ausgang. Wohingegen der Erfolg als purer Zufall gewertet wird. Er überrascht und manchmal stört er.

Dabei ist es klar, dass diese Kinder sich oft doppelt anstrengen mussten, um das gleiche Ergebnis zu erzielen.

Sollte es einem dieser Kinder jedoch gelingen, sich einen Weg zu bahnen oder zumindest einen Erfolg zu erringen, wird es sehr positive Reaktionen vonseiten wohlwollender Menschen erhalten. Umso ver- und zerstörender sind aber die negativen, verletzenden Reaktionen von Personen, die man für wohlwollend gehalten hatte, denen man vielleicht sogar dankbar war, weil sie sich mal bei der Lösung irgendeines Problems eingebracht hatten.

Denn der Erfolg ärgert besonders jene, die nur Mit-

ront allemand, ils useront sans restriction des acquis, des outils démocratiques de cette société qui sont les leurs. Ils ont surtout droit à la libre expression comme tout autre Allemand. Que personne ne cherche à leur dénier cet outil tant fondamental de notre démocratie si chèrement acquise.

Nos enfants ont déjà traversé de nombreuses épreuves, on leur a fait comprendre à de nombreuses reprises qu'ils ne devaient pas se faire trop d'illusions, qu'il y a des limites à leurs ambitions.

Et dans ces circonstances, il leur faut une certaine force de caractère, une grande détermination afin de surmonter ces préjugés malsains, de se retrouver, de réussir. Et pendant que l'échec est l'option la plus probable, la plus attendue ou programmée, la réussite n'est, elle, en aucun cas une évidence, elle est inattendue ou même inappropriée. Certains diront même que c'est un hasard!

De là, on voit que ces enfants ont très souvent dû fournir deux fois plus d'efforts que les autres pour obtenir le même résultat.

Et si l'un de ces enfants arrive à se frayer un chemin ou du moins à réussir, cette réussite va, à son tour, engendrer tout un cortège de réactions, certes très positives de la part des gens de bonne foi. Le plus brutal et déboussolant, ce seront les réactions négatives, pour ne pas dire injurieuses, venant souvent des personnes qu'on avait pourtant crues bienveillantes, à qui on vouait respect et reconnaissance, parce qu'elles étaient intervenues à un moment ou à un autre et avaient aidé à la résolution de tel ou tel problème.

leid empfanden und wollten, dass man auf dieser Gesell-
schaftsstufe verharrt, dabei vergessend, dass – um es mit
den Worten von Jovette-Alice Bernier zu sagen – „Mitleid
ein ehrgeiziges Herz verletzt!" Sie reagieren mit Eifersucht,
Aggressivität und Hass, da die neue Situation dem Bild
widerspricht, das sie von einem hatten, da ihre Vorurteile
nicht bestätigt wurden. Sie werden alles versuchen, damit
diese Kinder sich trotz dieses Erfolgs wertlos fühlen.

Angesichts dessen muss man jeden Selbstzweifel vermei-
den, um jenen Menschen nicht die Genugtuung zu geben
und ihren Destabilisierungsversuchen zu erliegen. Man
wird sich neu orientieren und dabei darauf achten, nicht in
ihre Falle zu tappen, sich nicht provozieren zu lassen, sich
nicht aufzuregen und damit dieses weitere Vorurteil zu be-
stätigen, das der Schwarzen Haut anhaftet und ihr Zorn,
Überempfindlichkeit, übermäßige Emotionalität und Hysterie zuschreibt.

Ich erinnere mich daran, wie eine meiner Töchter, die
damals Studentin war, mich bei meiner Arbeitsstelle besuchte, und mehrere Kolleg*innen erstaunt davon waren,
dass ich Mutter eines „normalen" Kindes sein könnte.

Ich kenne unzählige solcher Geschichten, etwa von einer
anderen Migrantin aus Afrika, die mir von der Sprach-
losigkeit ihrer Chefin erzählte, als diese hörte, dass ihre
Tochter einen Realschulabschluss gemacht hatte. Und
eine andere, aus dem Nahen Osten, berichtete mir von der
Feindseligkeit, die sie an ihrem Arbeitsplatz erlebte, nachdem bekannt geworden war, dass ihre beiden Kinder ihr
Abitur gemacht hatten. Diese Beispiele zeigen, wie weit das

Le réveil sera particulièrement douloureux pour les personnes citées ci-dessus, qui avaient »pitié« et voulaient te maintenir à ce niveau, oubliant que »la pitié blesse un cœur ambitieux« (Jovette-Alice Bernier). Elles deviennent tellement jalouses, haineuses, agressives, car la nouvelle donne ne correspond plus à l'image qu'ils se sont faite de toi, car leurs préjugés n'ont pas été confirmés! Ils essayeront surtout de te faire comprendre que, malgré cette réussite, tu ne vaux pas grande chose!

Et il va falloir s'adapter à cette nouvelle situation et, en premier lieu, ne surtout pas leur faire le plaisir de douter de soi, de céder à cette tentative de déstabilisation psychologique. Il va falloir se réorienter, tout en prenant soin de ne pas entrer dans leur jeu, ne pas se laisser provoquer, ne pas s'emporter pour ainsi ne pas confirmer cet autre préjugé qui colle à la peau noire et selon lequel on serait colérique, trop sensible, trop émotionnel et hystérique.

Je me rappelle de la visite d'une de mes filles, étudiante à l'époque, à mon lieu de travail. Des collègues étaient étonnés, que je pouvais être la mère d'une fille »normale«!

Je connais d'innombrables témoignages similaires, par exemple celui d'une autre immigrée d'origine africaine qui me relatait comment sa patronne était stupéfaite quand elle lui avait dit que sa fille avait eu son Realschul-Abschluss! Une autre, originaire du Proche-Orient, dit avoir vécu des inimitiés sur son lieu de travail quand on a appris que ses deux enfants avaient eu leur bac! Cela démontre jusqu'où va la sous-estimation qui est tout sauf un cas isolé!

Unterschätztwerden reicht, es handelt sich nicht um Einzelfälle.

Ich habe festgestellt, dass meine Kinder und die anderer migrantischer Menschen sehr früh den Instinkt entwickelt haben, ihre Eltern zu schützen und ihnen beizustehen. Sie sehen sich in der Rolle, auf die Vielzahl von Fragen selbst Antworten zu finden, um ihre Eltern nicht noch mehr zu belasten.

Denn diese, so denken sie, haben schon genug Sorgen: Aufenthaltserlaubnis, Arbeitssuche, und vor allem die Sprachbarriere. Und schon allein mit Letzterer gehen etliche Verletzungen und Herabsetzungen einher, denn die Tatsache, dass man kein korrektes Deutsch spricht, wird allzu oft auf Unzulänglichkeit zurückgeführt, wie viele Sprachen man auch sonst beherrscht und welche Fähigkeiten man auch immer hat.

Ich werde meine Ausführungen nicht beenden, ohne all denjenigen zu danken, die uns direkt oder indirekt und bedingungslos unterstützt haben in diesem außergewöhnlichen Leben – in diesem Abenteuer, dessen Anfänge schon lange geräuschlos und im Schatten geschrieben wurden und das sich heute fortschreibt, aber in zunehmender Sichtbarkeit.

Unendlich danken möchte ich meinem Aufnahmeland, meiner Wahlheimat, für den Empfang und die Unterstützung. Meinen Mitbürger*innen möchte ich sagen, dass niemand perfekt ist, dass kein Land perfekt ist, weder in seiner Vergangenheit noch in seiner Gegenwart, und dass auch

J'ai personnellement constaté que mes enfants et ceux d'autres immigrés développent très tôt l'instinct de protéger, d'assister leurs parents! Ils doivent alors chercher à trouver eux-mêmes des réponses aux multitudes de questions auxquelles ils sont constamment confrontés, sans demander aux parents, de peur de les faire peiner d'avantage!

Car ils savent que ceux-ci ont assez de soucis: titre de séjour, soucis de travail, barrière de la langue. Cette langue qu'ils ne maîtrisent pas et ne maîtriseront peut-être jamais. Un handicap avec ses lots d'humiliations, de rabaissements, qui visent à faire comprendre que le fait de ne pas parler correctement l'allemand, même si, en plus de sa langue maternelle, on parle bien d'autres langues, qu'on a d'autres qualités, ce fait est interprété comme signe d'inintelligence!

Je ne saurais cependant terminer mon récit sans un grand remerciement à tous ceux qui nous ont directement ou indirectement soutenus, d'une manière inconditionnelle, dans cette vie „pas comme les autres", ou du moins dans cette aventure, dont les prémices s'écrivaient silencieusement depuis longtemps, dans l'ombre, sans tambours battants, et qui se poursuit présentement, mais au grand jour, au vu et au su de tout le monde.

Je dis infiniment merci à mon pays d'accueil, à mon pays d'adoption, pour l'accueil, pour le soutien accordé. À mes concitoyens, je dirais que nul n'est parfait, qu'aucun pays n'est parfait, ni par son passé ni par son présent, et que mon pays d'adoption n'échappe pas non plus à cette règle de la nature, mais que force est de constater que, depuis la fin de la deuxième guerre mondiale jusqu'à aujourd'hui, meine Wahlheimat diesem Naturgesetz unterliegt. Dass man aber anerkennen muss, dass seit dem Zweiten Weltkrieg beeindruckende Bemühungen erfolgt sind, um diese große demokratische Nation zu errichten, in der wir das Glück haben, leben zu dürfen. Wir alle sollten stolz sein, und dankbar gegenüber jenen, die dafür eingetreten sind und die heute noch für die Verbesserung unserer Demokratie kämpfen. Ich muss gestehen, ich persönlich bin sehr stolz, dass meine Tochter eine davon ist!

des efforts considérables ont été faits pour rebâtir cet état de droit et faire de lui une grande nation démocratique, dans laquelle nous autres avons eu la chance de vivre. Nous devons cependant tous être fiers de ceux qui ont lutté pour reconstruire cette nouvelle nation démocratique et re-connaissants envers ceux qui luttent encore pour amélio-rer, pérenniser cette démocratie, cet État de droit. Je suis personnellement très fière que ma progéniture soit l'une de ces actrices.

Schwarze Menschen machen weltweit unfassbar viele Diskriminierungserfahrungen, Erfahrungen, die tief sitzen. Und Schwarze Mütter tragen eine besondere Last, da sie so viele der Erfahrungen, die ihre Kinder machen, auf sich nehmen, auffangen. Das Mindeste, was wir tun können, ist, alles zu geben, damit sie es leichter haben. Sie stolz zu machen. Wir müssen es hinbekommen, dass ihr Schmerz nicht das Ende ist. Dass eines Tages Leichtigkeit da sein wird, weil wir ihnen die Last wieder von den Schultern nehmen. Wir wissen, wie schwer es für sie gewesen ist. Jeden Tag. Wir sollten nicht in einer Welt leben, in der Schwarze Mütter mehr Kraft aufbringen müssen als andere. Sie tun es nicht, weil sie es wollen, sondern weil sie es müssen. Lasst uns eine Welt erschaffen, in der Schwarze Mütter nicht erbarmungslos stark sein müssen, sondern loslassen können. Ich sehe euch alle und ich danke euch für das, was ihr für uns tut. Ihr habt es nicht leicht gehabt, zu keinem Zeitpunkt. Als junge Frauen, als fliehende Frauen, als hier ankommende Frauen, als hier bestehende Frauen.

Was meine Mutter mir beibrachte

Ich danke meiner Mutter immer wieder. In Reden, in Vorträgen, in Beiträgen, in Zeitungsartikeln, in diesem Buch und, am wichtigsten, persönlich. Ich weiß, dass ich niemals ganz werde zum Ausdruck bringen können, wie sehr ich ihr für alles danke, was sie für uns getan hat. Das ist ein beklemmendes Gefühl. Denn sich aufgeben für die Familie, für die eigenen Kinder, das ist nicht selbstverständlich. Bei den meisten Gesprächen mit Schwarzen Menschen kommen wir irgendwann zu dem Punkt, an dem wir über unsere Mütter sprechen. Welche Kraft sie aufbringen mussten und müssen und welche Quelle der Kraft sie für uns sind.

Was meine Mutter mir beibrachte, neben dem Schreiben, Lesen, Lieben, Wertschätzen und dem Beharren, ist Feminismus. Und zwar ohne ihn je so zu nennen. Sie hat mir vermittelt, dass es keinen Grund gibt, als Mädchen und als Frau an den eigenen Fähigkeiten zu zweifeln oder Männer bei irgendwelchen Aufgaben für tauglicher zu halten. Egal ob körperliche oder geistige Arbeit. Gerade nachdem mein Vater gegangen war, ging das auch nicht anders. Wir waren fünf Frauen, die alles selbst meisterten. Saka wird jetzt behaupten, dass ich mich bei körperlicher Arbeit immer zurückgehalten habe und sie, als wir gemeinsam eine Waschmaschine in unsere Wohnung tragen mussten, diese alleine getragen hat. Aber wir beide wissen, dass das nicht stimmt.

So wie ich mir als Kind nicht vorstellen konnte, dass Schwarze Menschen minderwertig sein sollten, so wuchs ich zunächst fern von dem Glauben auf, Frauen könnten weniger als Männer. Mit der Zeit lernte ich, dass es in dieser Welt nicht nur schwierig ist, Schwarz zu sein, sondern auch, eine Frau zu sein. Und dass es noch mal etwas anderes ist, eine Schwarze Frau zu sein.

Meine Mutter verkörpert vor allen Dingen: Stolz. Immer aufrecht zu stehen und sich wirklich von niemandem unterkriegen zu lassen. Ich erinnere mich an viele Runden, bei uns zu Hause oder bei Festlichkeiten, bei denen vor allem Männer über das Weltgeschehen diskutierten, aber meine Mutter ihnen Paroli bot. In einer klugen und überlegten Art und Weise. Selbst wenn ich damals nicht wirklich wusste, worum es im Gespräch ging, und mich nicht darüber wunderte, wie sie mitdiskutierte – rückblickend weiß ich, dass meine Mutter damit die Selbstsicherheit infrage stellte, mit der die Männer es gewohnt waren, die Welt einzuordnen. Indem sie ihnen ihre eigene Sicht der Dinge entgegenstellte. Ich erinnere mich an viele Momente, in denen meine Mutter mit Mitarbeiter*innen in Behörden Diskussionen führte und sie bestimmt ihre Sicht der Dinge und ihre Erwartungen schilderte. Ich erinnere mich an unzählige Momente in meinem Leben, in denen die stärkste Person in einem Raum meine Mutter war. Es kam mir nicht merkwürdig vor oder ungewohnt, so war das eben. Wir sind fünf Frauen zu Hause. Alles willensstarke Frauen. So unterschiedlich wir sein mögen, so eint uns doch die Entschlossenheit, mit der wir durch die Welt gehen. Dazu hat meine Mutter einen immensen Beitrag geleistet.

Zerrüttet wurde die Überzeugung, dass Frauen alles beanspruchen und frei mitdiskutieren können, in dem Moment, in dem ich die Welt da draußen kennenlernte. In der Schule, an der Universität, am Arbeitsplatz, im Alltag, auf Partys, schlichtweg überall war es anders. Ich lernte das Selbstverständnis kennen, mit dem Männer durch Gespräche und eigentlich durch das ganze Leben schreiten. Ungeachtet dessen, ob sie über das besprochene Thema Bescheid wissen oder nicht, ob sie in der jeweiligen Situation gefragt sind oder nicht – ihre Sozialisierung gibt ihnen das Gefühl der Überlegenheit. Ob bewusst oder unbewusst.

Wie oft habe ich Gespräche mit Männern geführt, die sich, obwohl ich ganz genau wusste, dass ich über den Gegenstand besser informiert bin, absolut nichts haben sagen lassen. Wisst ihr, wann sie meine Argumente akzeptiert haben? Nachdem ich ihnen versichert hatte, dass ich in dem Bereich, über den wir diskutieren, tatsächlich arbeite. Wenn sie zum Beispiel erfahren haben, dass ich Abgeordnete bin und mich mit diesem Thema regelmäßig beschäftige. Natürlich muss man über Politik streiten und ich beanspruche nicht für mich, grundsätzlich recht zu haben. Ich freue mich über anregende Diskussionen. Aber es geht um die Attitüde und die Art und Weise der Gesprächsführung. Ob jemand einen überhaupt als ebenbürtig wahrnimmt. Ich fände es großartig, wenn einem das zuteilwerden würde, unabhängig davon, ob man ein Mandat hat oder nicht.

Männer dominieren die Politik aber nicht, weil sie klüger sind, sondern weil sie sich seit Jahrzehnten in dieser Welt bewegen und weil sie die Abläufe und Regeln kennen (und gemacht haben), nach denen sie funktioniert. Ich betone das, weil mich jemand mal bei einer Veranstaltung fragte, ob Frauen sich nicht einfach mehr Mühe geben sollten und sie dann möglicherweise mehr erreichen würden. Ich musste tief durchatmen. Dass man solche Diskussionen immer wieder führen muss, zeigt, wo wir stehen. An diesen Überlegungen beteiligen sich gerne auch Frauen, insbesondere in konservativen und liberalen Kreisen. Das Märchen, dass eine einzelne Frau sich halt einfach mehr anstrengen soll und dann schon an den Punkt kommt, den sie sich wünscht, ist mindestens so ermüdend wie die Geschichte »vom Tellerwäscher zum Millionär« (– warum ist die wohl nicht gegendert?).

Aber ja, Frauen können es an die Spitze schaffen, ich habe schon mal von Angela Merkel gehört. Das Problem ist: Wenn wir uns nicht grundsätzlich mit den Strukturen auseinandersetzen, dann werden wir noch die nächsten 700 Jahre bei null anfangen. Dann werden die Menschen, die in den Parlamenten sitzen und über die Art und Weise unseres Zusammenlebens verhandeln, weiterhin in der großen Mehrzahl männlich und weiß sein – und dazwischen ein paar Frauen, deren Geschichten besonders gerne erzählt werden, um zu zeigen, dass doch alles in Ordnung ist.

Um festzustellen, dass eben nicht alles in Ordnung ist, würde es reichen, sich mit den tatsächlichen Zahlen für die Bundesrepublik Deutschland auseinanderzusetzen. Wenn man sich zum Beispiel die Liste der Ministerpräsident*innen in über 70 Jahren anschaut, stellt man fest, dass das fast nur Männer waren. Nicht dass ich ernsthaft verwundert darüber wäre, aber wir können es ja mal aufdröseln: In Deutschland sind im Moment, Mitte des Jahres 2021, zwei von sechzehn Ministerpräsident*innen Frauen. Malu Dreyer in Rheinland-Pfalz und Manuela Schwesig in Mecklenburg-Vorpommern. Seit 1945 gab es 162 Ministerpräsident*innen, davon waren 155 Männer. In der Geschichte der Bundesrepublik Deutschland hatten insgesamt sieben Frauen diesen Posten. Neben den beiden, die ich bereits genannt habe, waren dies Heide Simonis von 1993 bis 2005 in Schleswig-Holstein, Hannelore Kraft von 2010 bis 2017 in Nordrhein-Westfalen, Annegret Kramp-Karrenbauer von 2011 bis 2018 im Saarland und Christine Lieberknecht von 2009 bis 2014 in Thüringen (bis auf die letzten beiden gehörten alle der SPD an, Kramp-Karrenbauer und Lieberknecht der CDU). Um auf sieben zu kommen, muss man schon großzügig sein und Louise Schroeder mitrechnen, die 1947 und 1948 kommissarische Oberbürgermeisterin in Berlin war. Das macht einen Frauenanteil von 4,3 %. Ich finde es wichtig, uns diese Zahlen vor Augen zu führen. Gerade weil seit Angela Merkel gerne behauptet wird, wir seien das feministischste Land, das die Welt je gesehen hat. Denn Macht konzentriert sich nicht nur auf die Bundeskanzlerin, es gibt auch die Ebenen darunter. Wir könnten es immer weiter aufschlüsseln: Wie viele Ministerinnen hat es auf Bundes- oder Landesebene gegeben? Wie viele Frauen saßen in den Parlamenten?

Die Liste der Ministerpräsident*innen zeigt ein Land, das zu über 95 % männlich und weiß ist. Sie ist damit sehr weit davon entfernt, unsere Gesellschaft widerzuspiegeln, die nur knapp zur Hälfte aus Männern besteht, und die auch darüber hinaus vielfältiger ist. Viele Menschen argumentieren damit, dass wir nun einmal in Deutschland leben und hier die Mehrheit weiß ist. Das stimmt. 26 % der in Deutschland lebenden Menschen haben einen »Migrationshintergrund«.[2] Und diese statistische Kategorie umfasst längst nicht alle Menschen, die migrantisch gelesen werden, denen man also die Frage stellt, wo sie *eigentlich* und *wirklich* herkommen. Es sei ganz normal, wird dann gesagt, dass von diesen 26 % nicht allzu viele in der Politik landen – im Bundestag beispielsweise nur 8 %.[3] Nehmen wir als Vergleichswert mal eine andere Minderheit in unserer Gesellschaft: Akademiker*innen. Knapp 18 % der Menschen in Deutschland haben einen akademischen Abschluss.[4] Im Deutschen Bundestag hingegen sind es 80 % der Abgeordneten.[5] Und noch mal: Es braucht keinen akademischen Abschluss, um Politik zu machen. Dem Grundgesetz nach sollte man auch mit Hauptschulabschluss Parlamentarier*in sein können. Oder ohne. Die Realität ist, dass Menschen ohne akademischen Abschluss sich in der Politik wie Fremdkörper fühlen. Es ist nicht der natürliche Lauf der Dinge, dass man in Parlamenten und Führungspositionen eben keine oder wenige Vertreter*innen von Minderheiten findet. Es sind Machtstrukturen, die sich erhalten.

Wie sich die Situation von Frauen in der Politik im

Lauf der Jahre verändert hat und welche Reaktionen damit einhergingen, kann man zum Beispiel in Torsten Körners Buch *In der Männerrepublik. Wie Frauen die Politik eroberten* nachlesen. Als die Bundesrepublik Deutschland Ende der 40er-Jahre gegründet wird, sind die Verhältnisse der Geschlechter in der Gesellschaft noch auf eine besondere Weise verschoben: Unmittelbar nach dem Zweiten Weltkrieg gab es in Deutschland deutlich mehr Frauen als Männer, die Historikerin Ute Frevert beziffert den Unterschied auf etwa sieben Millionen. Im Krieg waren rund vier Millionen Männer gestorben und auch danach befanden sich noch rund elf Millionen im Ausland in Gefangenschaft. Frauen waren damals in vielen Bereichen präsenter als vorher und auch in der Politik mischten sie mit. Es ist eine Zeit, in der Konrad Adenauer 1947 auf dem ersten Parteitag der CDU sagt, man müsse sich als Mann daran gewöhnen, dass Frauen auch in der Politik etwas zu sagen haben. Dass dies keine kleine Herausforderung war, zeigt sich schon daran, dass die Mitglieder des Parlamentarischen Rats, die den Auftrag hatten, eine Verfassung für die Bundesrepublik Deutschland zu entwerfen, auch Jahre später noch als »Väter des Grundgesetzes« bezeichnet wurden, obwohl sich immerhin vier Frauen darunter befanden.[6]

Diese vier »Mütter des Grundgesetzes« Friederike Nadig, Elisabeth Selbert, Helene Weber und Helene Wessel, kennt heute kaum noch jemand beim Namen, aber ihnen, und insbesondere Elisabeth Selbert, ist es zu verdanken, dass der Satz »Männer und Frauen sind gleichberechtigt«

in unsere Verfassung gelangte. Mit der Unterstützung der beiden Konservativen Weber und Wessel konnte Selbert nicht rechnen, wohl aber mit der Hilfe von Friederike Nadig, die wie sie selbst Mitglied der SPD war. Nachdem der Antrag mehrfach abgelehnt worden war, wurde er, auch wegen des großen Einsatzes von Frauenrechtsorganisationen, schließlich angenommen und trat am 23. Mai 1949 in Kraft. Vier Jahrzehnte später, nach der Wiedervereinigung, würde der wichtige Zusatz »Der Staat fördert die tatsächliche Durchsetzung der Gleichberechtigung von Frauen und Männern und wirkt auf die Beseitigung bestehender Nachteile hin« folgen, auch dank massiver Unterstützung von Frauen aus der Zivilgesellschaft.[7]

Ich musste Torsten Körners Buch beim Lesen mehrmals beiseitepacken – vor Wut. Denn er beschreibt sehr genau, wie Politikerinnen in der jungen Bundesrepublik bald nach Adenauers Warnung und den Erfolgen von Elisabeth Selbert und Friederike Nadig für viele Jahre wieder ausschließlich als Störfaktor gesehen wurden.[8] Eine Sache zeigt es also besonders eindrücklich: wie Geschichte sich wiederholt. Oft merkt man es schlichtweg nicht und hält bestimmte Debatten für neu. Dabei sind sie es nicht – es ist dieselbe Leier. Als Parlamentarierin und als Frau bin ich immer wieder fassungslos, wenn ich feststelle, dass es die immer gleichen Konflikte sind, die seit Jahrzehnten geführt werden. Dass es die immer selben Ausreden sind, die die Parteien finden, um sich zum Beispiel nicht damit auseinandersetzen zu müssen, dass die große Mehrheit ihrer Mitglieder männlich ist. Anscheinend fehlt es einfach am Willen. Denn es fehlt nicht an Ideen.

Die Grünen haben seit 1986 ein sogenanntes Frauenstatut: eine Regelung, die vorschreibt, dass es für jeden Posten und jede Kandidat*innenliste eine Quote von 50 % gibt, also nur jeder zweite Platz von einem Mann besetzt sein darf – angefangen beim zweiten. Diese Regelung ist nicht nur ein Symbol, denn sie schafft ganz nebenbei auch Tatsachen und hat unter anderem dafür gesorgt, dass die Fraktionen der Grünen heute in allen Parlamenten, in denen es sie gibt, einen sehr hohen Frauenanteil haben. Manchmal sprechen Gründe und Argumente dafür, die eigenen Vorschriften zu umgehen, aber dann tut man es in dem Bewusstsein, eine Ausnahme zu machen – und man bevorzugt nicht unhinterfragt einen Mann. Das Frauenstatut wurde in dem Wissen erfunden, dass die Welt von Männern regiert und dies nur mit festen Regeln zu ändern sein wird. Dass sie nicht jeden Mann verhindert, geht in Ordnung.

Aber der Wille der Parteien ist nicht alles: Es braucht nämlich auch immer den Willen der Kandidat*innen, es braucht die Menschen, die Verantwortung tragen wollen. Und hier wird es wieder heikel, denn es kann nicht darum gehen, den Frauen, die sich so weit durchgekämpft haben, zu suggerieren, sie hätten keine Optionen, als ungeachtet ihrer persönlichen Vorstellungen jede (weitere) Führungsposition zu beanspruchen – für den Feminismus, für »das große Ganze«. Das schafft Situationen, in denen die Frau nur als schwach erscheinen kann: Entscheidet sie sich dagegen, wird es ihr vorgeworfen, entscheidet sie sich dafür, wird es nicht als bewusster Machtanspruch verstanden.

Und gleichzeitig entscheidet oft nicht die Tatsache, wer am besten für ein politisches Amt geeignet ist, sondern wer sich für am besten geeignet hält. Und die Geschichte zeigt uns ebenso wie die tägliche Beobachtung, dass die Überzeugung, für politische Posten geeignet zu sein, überproportional oft bei Männern zu finden ist. Das hat Gründe – aber nicht die Art Gründe, die es aussichtslos machen, die Verhältnisse ändern zu wollen: Es sind Gründe, aus denen sich eines der simpelsten Mittel für eine Veränderung ableiten lässt: Je öfter Menschen aus unterrepräsentierten Gruppen innerhalb der politischen Institutionen »Menschen wie sie« sehen, desto eher werden sie es auch für sich als selbstverständliche Option wahrnehmen.

Und die Geschichte hat gezeigt, wie wichtig das für unsere Kämpfe ist: Es war nicht allein die Kraft der Straße, die Elisabeth Selbert zum Erfolg verholfen hat. Sosehr gesellschaftliche Debatten auch Politik beeinflussen können – es ist unerlässlich, dass Vertreter*innen von Minderheiten oder unterrepräsentierten Gruppen am Verhandlungstisch sitzen, wenn die Entscheidungen gefällt werden. Ich erlebe es jeden Tag: Die wenigsten dort verstehen, wie und warum man sich für Antirassismus oder Feminismus einsetzt. Es braucht dort mehr Menschen, die dieses Wissen und die Erfahrungen mitbringen.

Dass der Frauenanteil im Deutschen Bundestag[9] und im schleswig-holsteinischen Landtag[10] derzeit bei 31 %

liegt, ist kein ungünstiger Zufall: Es ist ein Ergebnis davon, dass sich seit Jahrzehnten und Jahrhunderten Strukturen durchsetzen, von denen vor allem Männer profitieren. Und um das zu ändern, werden wir uns nicht nur auf die Politiker*innen verlassen können, die seit Jahrzehnten von diesen Strukturen hervorgebracht werden und diese Strukturen hervorbringen. Wir müssen selbst aktiv werden. Und ich sage nicht »Ey, Mädels, ihr müsst es einfach echt wollen und dann klappt das schon!«, ich sage, dass wir diese Strukturen gemeinsam ändern müssen. Denn ich habe keine Lust, weitere 100 Jahre zu warten, bis das Bild, das unsere Parlamente und Regierungen abgeben, einigermaßen zu unserer gesellschaftlichen Realität passt.

Dafür ist es wichtig, dass mehr junge Menschen in die Politik kommen. Aber es liegt auch in der Verantwortung der Frauen und der Menschen aus unterrepräsentierten Gruppen, die bereits dort sind, die Wege für sie freizukämpfen – und diesen Kampf nicht aufzugeben, sobald es für einen selbst gereicht hat. Es gibt so viele Menschen, die nicht die Möglichkeit oder das Privileg haben, innerhalb der Institutionen zu kämpfen.

Ich bin immer wieder bei Diskussionsveranstaltungen, die sich der Frage widmen, wie wir mehr Frauen in Führungspositionen bringen können. Und diese Forderung unterstütze ich zu 100 %. Aber wir dürfen es uns nicht zu bequem machen und denken, dass dadurch automatisch allen geholfen wird. Wir sollten nicht einfach davon ausgehen, dass in einem großen Unternehmen die prekär beschäftigte (oftmals migrantische) Reinigungsfrau davon profitiert, wenn eine (in der Regel weiße) Frau CEO wird. Die Situation verbessert sich nicht, weil eine Frau an der Spitze ist. Sie verbessert sich nur, wenn die sich dort für alle Frauen in ihrem Unternehmen einsetzt. Für die faire Bezahlung der Reinigungskraft. Wenn sie sich nicht dagegen positioniert, dass ihre Mitarbeiter*innen sich einer Gewerkschaft anschließen. Wenn sie in den Verhandlungsrunden neben dem Jahresergebnis auch die Arbeitsbedingungen im Blick hat. Tut sie dies nicht, ist der Gleichstellung innerhalb des Unternehmens mit der Frau an der Spitze genauso wenig geholfen wie der Reinigungskraft, wenn die Reinigungsfirma eine Diversitykampagne startet, aber ihre Mitarbeiter*innen unter schlechten Bedingungen arbeiten.

Was wir brauchen, ist also nicht die hundertste Geschichte der einen Frau, die es an die Spitze geschafft hat. Klar, sie kann dort vielen als Vorbild dienen, aber wenn die Botschaft nur ist, dass sie es schaffen können, wenn sie nur hart genug arbeiten, dann wird es an den Strukturen wenig ändern, dann werden auch in Zukunft Mütter ihre Träume opfern müssen, damit ihre Töchter etwas erreichen können. Wir alle sind in der Verantwortung, das zu ändern. Wir können jungen Frauen Vorbilder sein, in dem, was wir vollbringen, aber wir dürfen darüber nicht vergessen, dass dies allein die Verhältnisse nicht ändern wird.

Träumen dürfen

Träumen dürfen,
was man später tun möchte.
Wer man sein möchte.
Was man tun wird.

Mir erlaubt zu träumen, habe ich erst spät.
Kennt ihr das?

Zurück in die Vergangenheit

Wir zogen wieder zurück nach Faldera, als ich 8 Jahre alt und in der dritten Klasse war, weil Saka und Mariam dort zur Gesamtschule gingen. Die Schule hatte den Ruf, mit ihrem besonderen pädagogischen Konzept die unterschiedlichsten Kinder zusammenzubringen. Deshalb sollten auch Medina und ich dorthin gehen. Wir zogen sogar wieder genau in das Viertel, in dem früher die Flüchtlingsunterkünfte gestanden hatten. Inzwischen blickte einen an ihrer Stelle eine leere Fläche an. Nur die Häuser, in denen die mit Bleiberecht gelebt hatten, standen noch. Es war irgendwie absurd: Früher hatte ich mir so sehr gewünscht, in einem dieser Häuser zu leben, weil das Sicherheit bedeutet hätte. Jetzt fühlte es sich anders an. Wir hatten diesen Ort verlassen, kamen zurück, und er war absolut nicht mehr derselbe. Man könnte sagen: Er war ein Schatten seiner selbst geworden. Wenn ich an meine Kindheit denke, dann denke ich an viel Sonnenschein und draußen spielen, und auch bei Schnee hatte man eine gute Zeit hinten im Wald. Inzwischen war der Ort ergraut, das laute Geschrei der spielenden Kinder und jungen Erwachsenen, die sich unterhielten, fehlte. Er hatte etwas Tristes und irgendwie kam es mir so vor, als hätte man durch das Abreißen dieser Häuser einen Teil meiner Kindheit einfach gelöscht. Vielleicht war ich aber auch nur älter geworden und das Leben in ständiger Unsicherheit hinterließ seine Spuren.

Es begann die Zeit, in der ich nicht mehr nur kindlich auf die Welt blickte. Ich ging noch ein Jahr auf meine Grundschule, ich pendelte sozusagen. Einfeld ist mit dem Bus gut 40 Minuten von Faldera entfernt. Mein Schulleiter war dagegen, aber für mich wäre eine Welt zusammengebrochen. Ich wollte unbedingt an dieser Schule bleiben, auch wenn es bedeutete, dass ich jeden Tag eine kleine Weltreise antreten musste. Meine Mutter überzeugte ihn schließlich und ich durfte dort bleiben bis ich 2002 auf die Gesamtschule Faldera wechselte.

Wir Kleineren hatten uns sehr darauf gefreut, auf diese Schule zu gehen. Wir hatten von Saka gehört, was sie alles bot. Das Größte für uns: das Musical. Jede siebte Klasse widmete sich diesem Projekt für über ein halbes Jahr, es war ein Riesending. Der gesamte Jahrgang war für die Vorbereitungen eingespannt und in der letzten Woche wurde es jeden Abend und an zwei Tagen sogar vormittags vor den anderen Schulklassen aufgeführt. Es gab unterschiedliche Aufgaben und Rollen: Hauptrollen – also die Sänger*innen –, Sprechrollen, Neben- und Tanzrollen. Andere waren für Aufbau, Bühnenbild und Technik zuständig. Außerdem gab es einen Chor, bestehend aus Schüler*innen aller Jahrgangsstufen. Ich kam dem Musicalfeeling näher, als Mariam, die eine Klasse über mir war, »Musical hatte«. Ich durfte im Chor singen. Mein größter Wunsch war, im nächsten Jahr eine Singrolle zu bekommen. Ich sag mal so: Das Musical zeigte, dass es unter uns Schwestern zwei gab, die wirklich völlig außer sich vor Freude waren, auf einer Bühne zu performen, Saka und ich, und zwei, Mariam und Medina, die nicht so wild darauf waren. Saka war so aufgeregt und motiviert, dass sie einfach eine Rolle für sich erfand und sie ins Musicalscript schrieb. Die Rolle blieb tatsächlich drin, nur durfte sie sie leider nicht spielen. Meine eigene Musicalgeschichte endete ähnlich enttäuschend: Ich bekam keine Singrolle und war tieftraurig. Ich bekam eine Tanzrolle, obwohl ich mir beim Vortanzen absichtlich keine Mühe gab. Nachdem ich so unendlich enttäuscht war und geweint hatte, bekam ich doch eine kleine Sprechrolle. Ich durfte einen Satz sagen: »Das will ich aber nicht!« Dabei musste ich mit dem Fuß auf den Boden stampfen. Meine Musicalkarriere war gelaufen. Ich war eine Hofzofe. Bis dahin wusste ich noch nicht, was eine Zofe ist und als ich es herausfand, war ich nicht begeistert. Ein Klassenkamerad sagte: »Hmm, irgendwie finde ich das schon krass, dass gerade die beiden Schwarzen im Jahrgang so Diener spielen müssen.«

In der Aufführungswoche durften wir zwischen den Auftritten nach Hause gehen und an einem Nachmittag, als ich an die Schule zurückkam, spielten ein paar Jungs auf dem Rasen vor dem Eingang Fußball. Das war verboten, das wussten wir, aber natürlich taten es trotzdem alle. Irgendjemand muss sich beschwert haben, jedenfalls kam kurz darauf der Hausmeister. Ich mochte ihn nie, er war ein unhöflicher Mensch. Er sagte uns, dass es nicht erlaubt sei, hier zu spielen. Ich beobachtete das Ganze eher beiläufig, da ich ja nur Zuschauerin war und nicht mitgespielt hatte.

Der Anschiss galt in meinen Augen also denjenigen, die gespielt hatten. Es kam anders. Der Hausmeister, der inzwischen den Fußball in der Hand hielt, kam auf mich zu und fragte mich, ob ich begriffen hätte, dass wir hier nicht spielen dürften. Ich verstand überhaupt nicht, was passierte. Er nahm den Ball und presste ihn mir mit voller Wucht gegen mein Gesicht. Ich konnte nicht glauben, dass er das gerade tat. Ich reagierte schnell und trat ihm mit voller Wucht gegen das Schienbein und fragte ihn, ob er nicht alle beisammen hätte. Das konnte ich so nicht stehen lassen. Ich fühlte mich gedemütigt. Wieso tat er mir das an? Ich hatte nichts getan. Meine Mitschüler*innen fanden es unfassbar, was da gerade geschehen war. Gemeinsam gingen wir ins Schulgebäude. »Was für ein Rassist!«, sagten einige von ihnen. Ich werde nie vergessen, dass Siebtklässler*innen die Dinge manchmal klarer benennen können als Erwachsene. Die Lehrer*innen bekamen mit, was geschehen war. In meiner Erinnerung waren die ersten Reaktionen eindeutig, sie missbilligten das Verhalten des Hausmeisters und standen auf meiner Seite. Sie sagten mir, dass es am nächsten Tag ein Gespräch mit meinen Eltern, dem Hausmeister und mehreren Lehrer*innen geben würde. Nach der Aufführung ging ich mit einem schlechten Gefühl nach Hause, weil ein erwachsener Mann mir gegenüber gewalttätig geworden war und so viele Menschen Zeug*innen davon geworden waren. Was für eine Demütigung, dachte ich.

Kurz bevor ich ging, hatte es offensichtlich eine Planänderung gegeben: Ich solle ohne meine Eltern kommen, sagte man mir. Ich fand das komisch und war mir nicht mehr sicher, ob ich meiner Mutter überhaupt von dem Vorfall erzählen sollte. Letztendlich tat ich es, von ihrer Reaktion war ich dann aber sehr verwundert. Sie war nicht aufgebracht, sondern blieb ruhig. Ich ging schlafen und dachte, vielleicht war dieser Vorfall doch nicht so schlimm. Was ich nicht wusste, war, dass meine Mutter bereits einen Plan hatte.

Am nächsten Morgen tätigte sie einen Anruf und wir gingen zum Gespräch. Sie arbeitete damals als Pflegehelferin im Schichtdienst und hatte zum Glück den Vormittag frei. Auch Saka kam mit, was ich extrem cool fand. Wir gingen zum Termin. Zu dritt und ziemlich sauer. Gemeinsam mit ihnen fühlte ich mich sehr stark. Auf dem Gang fragten mich meine Lehrer*innen, weshalb ich nicht alleine gekommen sei. Meine Mutter antwortete, dass ich zwölf Jahre alt sei und sie es nicht dulde, wie man mit ihrer Tochter umgegangen sei, und sie selbstverständlich bei einem solchen Gespräch dabei sein würde. Im Klassenzimmer begann meine Mutter das Gespräch mit folgenden Worten: »Ich habe bereits in Kiel bei der Schulaufsicht des Bildungsministeriums angerufen.« Die Fronten waren geklärt. Sie machte mit diesem Satz deutlich, dass es sich hier nicht um eine Kleinigkeit handelte. Die Lehrer*innen blickten verdutzt, sprangen auf und sagten, dass nun der Schulleiter am Gespräch teilnehmen müsse. Meine Mutter war damit mehr als einverstanden. Der Schulleiter kam dazu und missbilligte das Verhalten des Hausmeisters. Meine Schwester erzählte von anderen Situationen, in denen er sich unmöglich und rassistisch verhalten hatte. Nun war er gezwungen, sich zu entschuldigen, und der Schulleiter versicherte uns, all das im Auge zu behalten.

Die Beobachtung, die ich bei diesem Vorfall gemacht hatte und die ich bis heute mit meinem Musicaljahr verbinde, ist, dass einige Lehrer*innen Angst vor einem Skandal hatten. Im Selbstbild der Schule spielten Inklusion und Integration eine große Rolle und meistens wurde sie diesem Anspruch auch gerecht. Ich hatte insgesamt eine gute Zeit dort, aber dieser Vorfall veränderte meinen Blick nachhaltig. Es waren nur einige Lehrer*innen, die sich falsch verhielten, der Schulleiter handelte richtig und rettete das Bild, das ich eigentlich von der Schule hatte. Die Angst vor einem Skandal war der Grund dafür, mich alleine kommen zu lassen. Aber das ließ meine Mutter nicht zu, so wie sie es in keiner anderen Lebenssituation zuließ, dass man ihre Töchter oder sie so behandelte.

Aber wie viele Kids sind in ähnlichen Situationen, in denen sie mit Rassismus konfrontiert werden, ohne dass ihre Eltern einschreiten können, weil diese vielleicht nicht die sprachliche Möglichkeit haben, weil sie keine Zeit haben, weil sie arbeiten müssen oder schlichtweg nicht da sind? Wie viele Kids müssen, nachdem ihre Eltern rassistische Vorfälle gemeldet haben, die Schule wechseln, während die rassistischen Strukturen unverändert bleiben? Ich habe unzählige solcher Geschichten gehört. Es bricht einem das Herz zu sehen, wie Menschen in so frühen Jahren eine solche Hilflosigkeit erleben. Und wie Eltern alles geben, aber es nicht reicht.

Wenn wir also von Rassismus sprechen, geht es wieder einmal nicht nur darum, dass man punktuelle Erfahrungen gemacht hat. Es geht um Strukturen, um die man nicht herumkommt und gegenüber denen man sich dennoch behaupten muss, um sein Leben bestreiten zu können – zum Beispiel, um einen Schulabschluss zu bekommen. Wie viele Kids machen in Deutschland rassistische Erfahrungen, weil Schulen und vor allem die Politik keinen Handlungsbedarf sehen? Denn die Lösung ist nicht eine Projektwoche, bei der man über »Menschen aus aller Welt« spricht und dabei so tut, als würden Menschen unterschiedlicher Herkunft nur auf anderen Kontinenten leben. Es muss darum gehen einzusehen, dass Rassismus im Schulsystem stattfindet, und zwar auf allen Ebenen. Angefangen bei den Unterrichtsmaterialien, die in dieser Projektwoche vielleicht zum Einsatz kommen, die nicht nur jede Sensibilität dafür vermissen lassen, Schwarzsein als Normalität in Deutschland abzubilden, sondern stattdessen rassistische Darstellungen verwenden und die koloniale Vergangenheit Deutschlands als nebensächlich abtun. Lehrer*innen, die Vorfälle herunterspielen, sind ebenso Teil dieses Problems wie die Aufsichtsbehörden, die sich nicht um Aufklärung bemühen. 2019 gab zum Beispiel in Berlin die bundesweit erste Antidiskriminierungsbeauftragte für Schulen nach drei Jahren ihr Amt auf. Es war Saraya Gomis' Job gewesen, mit Schüler*innen und Lehrkräften zu arbeiten, um diskriminierende Strukturen an Schulen und in der Verwaltung aufzubrechen. Bis sie selbst Ziel rassistischer Angriffe wurde. Sie hatte sich nicht daran hindern lassen, rassistische Vorfälle an einer Schule klar zu benennen und öffentlich zu machen.

Es fehlt also nicht an Vorschlägen und Ideen und es gibt durchaus Menschen, die sich unheimlich engagieren und die hervorragend dafür qualifiziert sind. Es fehlt am Umsetzungswillen, weil eine Mehrheit der Entscheidungsträger*innen diese Themen als banal abstempeln. Als übertrieben. Als unangenehm. Als anstrengend. Wisst ihr, wie unfassbar wütend es mich macht, wenn so viele Menschen nicht begreifen, dass es um so vieles geht? Noch mal, und immer wieder: Es geht nicht darum, dass eine Person aus einer Minderheit es schafft, und dann ist alles erreicht. Es geht darum, dass wir die gleichen Träume haben können, sie laut aussprechen können, ohne dass jemand lacht. Lacht, weil er oder sie weiß, dass das ein Traum ist, den man nicht haben kann. Wie bereit wäre diese Gesellschaft für eine Schwarze im Vorstand eines DAX-Konzerns? Für eine Schwarze Kanzlerin?* Wir reden oft über gläserne Decken für Frauen. Was ist mit Schwarzen Mädchen? Mit deutschtürkischen Jungen? Was ist mit uns? Ich habe es lange Zeit nicht einmal gewagt, bestimmte Dinge zu träumen, weil sie mir vermessen vorkamen. Beim Träumen geht es gerade nicht darum, dass etwas realistisch ist. Es geht darum zu träumen, was man sich für sich, für die Welt, für das Umfeld, für die Familie vorstellt. Und wer sich schon im Träumen begrenzen muss, der ist nicht frei oder gleichgestellt.

---

* Der Job einer Kanzlerin ist das Anstrengendste, das ich mir vorstellen kann. Davon träume ich nicht. Aber was ist, wenn die kleine Samiah davon träumt?

Nie nur eins

Ich verlasse das Haus, bin nie nur eine Frau.
Ich verlasse das Haus, bin nie nur Schwarz.
Ich verlasse das Haus als Schwarze Frau.

Ich bin nie nur Schwarz.
Nie nur Frau.
Ich verlasse das Haus als Schwarze Frau.
Ich bin nie nur eins.

Wenn du von mir verlangst, meinen Kampf nur feministisch zu führen –
Wo bleibt mein Schwarzsein?
Wenn du von mir verlangst, meinen Kampf nur antirassistisch zu führen –
Wo bleibt mein Frausein?

Ich entscheide mich nicht für einen Teil.
Ich entscheide mich für alle Teile.
Ich bin kein Teil.
Ich bin ganz.

Ich bin eine Schwarze Frau.

Eine Sprache finden

Rassismus zu erleben und keine Sprache dafür zu haben, ist herausfordernd. Man braucht die Sprache, um die Dinge, die einem passieren, einzuordnen und zu verstehen. Denn Begriffe, die man mit anderen teilt, sind Hinweise darauf, dass auch andere die Dinge, die sie bezeichnen, kennen. Man merkt, dass man nicht allein damit ist. Und man versteht, dass es keine persönlichen Probleme sind, sondern politische. Für meine eigene tiefere theoretische Auseinandersetzung mit Rassismus war das Studium eine wichtige Zeit. Ich las Texte und Theorien über Phänomene, die mich mein ganzes Leben begleitet hatten, über den Umgang damit, und über Kämpfe dagegen. Es waren Bücher, die diese Kraft hatten, Bücher wie *Schwarzer Feminismus – Theorie und Politik afro-amerikanischer Frauen* (herausgegeben von Gloria I. Joseph), die meinen Blick auf mich und auf die Welt veränderten.

Ein Schlüsselmoment hinsichtlich der Situation Schwarzer Frauen in Deutschland war für mich, als ich das Buch *Farbe bekennen: Afro-deutsche Frauen auf den Spuren ihrer Geschichte* von May Ayim, Katharina Oguntoye und Dagmar Schultz las. Bis zu diesem Zeitpunkt hatte ich immer ein merkwürdiges Gefühl gehabt, wenn es um »den Feminismus« ging. Ich wusste irgendwie, ich bin mitgemeint, aber ich hatte das Gefühl, dass trotzdem etwas nicht passt.

Es gab diesen Feminismus, den alle als allgemeingültig behandelten, in dem aber ausschließlich die Lebensrealität weißer Frauen beschrieben war. Bis heute höre ich immer wieder gerade von Schwarzen jungen Frauen, dass sie sich in vielen feministischen Gruppen nicht zu Hause fühlen. In den Gesprächen können sich alle darauf einigen, Frau zu sein und die damit einhergehenden Diskriminierungen zu thematisieren, aber es bleibt das Gefühl, dass bestimmte Dimensionen der Herausforderungen, denen sie begegnen, dort keinen Platz haben. Dass das Geschlecht an erster Stelle kommt und danach alles Weitere, ja dass bestimmte Erfahrungen, die eben nicht nur mit dem Frausein, sondern auch mit dem Schwarzsein zu tun haben, ignoriert oder sogar kleingeredet werden. Es ist kein neues Phänomen, dass Schwarze Frauen oder Frauen, die mehrere Diskriminierungserfahrungen gleichzeitig machen, in bestimmten feministischen Zusammenhängen nicht mitgemeint sind.

Als ich die Texte in *Farbe bekennen* las und begann, mich mit ihren Autorinnen auseinanderzusetzen, begegneten mir unheimlich viele Fragen, die in meinem Leben bisher eine Rolle gespielt hatten, ohne dass ich sie so hatte formulieren können, wie die Autorinnen es taten. Das Buch entstand Mitte der 80er-Jahre in Berlin, wo Audre Lorde, »Schwarz, lesbisch, feministisch, Mutter, Dichterin, Kriegerin«, so ihre wunderbare Selbstbezeichnung, Gastprofessorin an der Freien Universität war. Die Soziologin Dagmar Schultz hatte sie eingeladen und dokumentierte den Aufenthalt: 2012 erschien ihr Film *The Berlin Years 1984–*

1992, der sehr eindrücklich von dieser Zeit erzählt. In Seminaren und Gesprächsgruppen diskutierte Audre Lorde mit vielen jungen Schwarzen Frauen – unter ihnen waren auch May Ayim und Katharina Oguntoye – darüber, dass es eben genau diese Schwarzen feministischen Räume braucht, um die eigenen politischen Forderungen, aber auch Bedürfnisse und Lebensrealitäten zu formulieren. Räume, in denen die eigenen Erfahrungen nicht wegradiert werden, in denen nicht nur Platz für die Kategorie Geschlecht ist. Sie waren auf der Suche nach einer Sprache und nach Ausdrucksformen für diese Realitäten, wobei auch das autobiografische und lyrische Schreiben eine zentrale Rolle spielten. Diese Diskussionen waren unheimlich wichtig für die Schwarze Frauenbewegung, aber auch für die afrodeutsche Bewegung in der Bundesrepublik – im Lauf der Gespräche definierten sie etwa den Begriff »afrodeutsch«, der auch den Namen ihrer Gruppe bilden sollte: ADEFRA, AfroDEutsche FRAuen*. Bis heute bildet der Verein gemeinsam mit der zur gleichen Zeit entstandenen Initiative Schwarzer Deutscher** (ISD) einen der wichtigsten Zusammenschlüsse der Schwarzen deutschen Bewegung.

Nach dem Mauerfall kamen ostdeutsche Aktivistinnen zu ADEFRA, etwa Peggy Piesche, ohne deren Bücher ich später nicht mit dem gleichen Selbstverständnis in die Politik gegangen wäre. In Texten wie *Euer Schweigen schützt euch nicht* formuliert sie das Bewusstsein über die eigene Rolle, aber auch die Rolle der Mehrheitsgesellschaft, und

---

* heute: Schwarze Frauen in Deutschland
** heute: Initiative Schwarze Menschen in Deutschland

zwar auch in feministischen Kontexten. In meiner Abschlussarbeit über die Schwarze lesbische feministische Bewegung in Deutschland habe ich auch das Verhältnis von weißen und nicht-weißen Feminist*innen untersucht. Ich erinnere mich an einen Text von Eske Wollrad in dem Buch *Mythen, Masken und Subjekte – Kritische Weißseinsforschung* (das Peggy Piesche gemeinsam mit Maureen Maisha Eggers, Grada Kilomba und Susan Arndt herausgegeben hat), in dem sie kritisiert, dass innerhalb der Genderforschung an deutschen Universitäten die meisten weißen Forscher*innen nicht akzeptieren wollen, dass sie zwar einerseits unterdrückt werden, sie aber kraft ihres Weißseins auch Unterdrücker*innen sein können. Es ist genau diese Beobachtung, die auch außerhalb des universitären Kontextes gilt: Oft wird inzwischen (zumindest in progressiven feministischen Kreisen) das eigene Weißsein anerkannt, und dass es in einer Welt, die von weißen Menschen dominiert wird, durchaus Vorteile hat, weiß zu sein. Aber ich erlebe auch heute noch zu oft, dass man bei dieser Bewusstwerdung stehen bleibt und dann Sätze sagt wie: »Wir sind ein ziemlich weißer Haufen und wir wollen das auch ändern und diverser werden.« Wenn man sich dann Jahre später wieder trifft, ist es noch immer diese Aussage und, ja, »wir suchen wirklich händeringend nach Menschen, die Lust haben, hier zu arbeiten« o.Ä. Dabei weiß man von vielen jungen Schwarzen Menschen, die gerne in solchen Kontexten arbeiten würden, aber keinen Zugang finden. Auch hier braucht es also nicht nur die Einsicht, es braucht auch das Handeln.

Die Erfahrungen, die man als Schwarze Frau, die in prekären Verhältnissen aufwächst, macht, haben nicht allein mit der Tatsache zu tun, eine Frau zu sein, mit der Tatsache, Schwarz oder arm zu sein. Sie resultieren aus der Verschränkung dieser Merkmale. Die US-amerikanische Juristin Kimberlé Crenshaw hat dafür in den 80er-Jahren den Begriff der Intersektionalität geprägt.

In den Debatten, die heute zum Thema Identitätspolitik geführt werden, wird oft unterstellt, dass es in diesen Diskussionen darum ginge, Menschen auszuschließen und Gemeinsamkeiten aufzulösen, zugunsten von immer kleineren Kategorien von Identität. Was dabei meist nicht verstanden wird, ist, dass diese Kategorien auf bestimmte Diskriminierungserfahrungen zurückgehen, die man teilt, sie also nicht selbst erfunden werden, sondern von der Mehrheitsgesellschaft ausgehen. Also von den Akteur*innen, die innerhalb der Diskurse die Machtposition haben. Heute, so habe ich den Eindruck, beginnt man beim Erzählen der Geschichte von hinten: zu behaupten, in der Antidiskriminierungspolitik gehe es lediglich darum, Menschen in Kategorien einzuteilen. Dass wir also selbst diejenigen sind, die Unterschiede machen. Die wollen, dass diese Unterschiede sichtbar gemacht werden und damit, so der gängigste Vorwurf, die Gesellschaft spalten würden. Wer dieses Buch bis hierhin gelesen hat, wird gemerkt haben, dass die Frage der Identität eine ist, die von außen, von der Gesellschaft an mich herangetragen wurde. So geht es den meisten. Wir finden dann eine Sprache, etwa bei Schwarzen feministischen Autor*innen, um nicht mehr fremdbezeichnet zu werden. Wörter wie *afrodeutsch* oder *Schwarz*, weil wir gar nicht drum herumkommen, diese immerwährenden Fragen zu beantworten. Wir suchen Wörter, die nicht rassistischen Ursprungs sind und mit denen wir uns wohlfühlen. Wir beschreiben unsere politischen Forderungen und welchen Anspruch wir an diese Gesellschaft haben.

Aber die wenigsten Gegner*innen von Identitätspolitik, da bin ich mir sehr sicher, setzen sich mit all diesen Aspekten auseinander. Sie lesen einen Text, in dem von Schwarzen und weißen Menschen die Rede ist, und explodieren: »Ihr seid die wahren Rassisten!« Wie oft ich solche Briefe, Mails oder Kommentare schon bekommen habe. Dass die Kategorisierung wesentlich früher und gewaltvoller anfing, wird hierbei komplett ignoriert. Auch bewusst. Denn mit dem Aufkommen von Bewegungen und einer breiteren Öffentlichkeit für Themen wie Antidiskriminierung wächst eine Angst in denjenigen, die in den vergangenen Jahrzehnten sehr gemütlich in ihren Machtpositionen verweilten. Eine Angst davor, dass sich etwas ändert. Dass mehr Menschen mitbestimmen wollen. Nicht mehr einfach hinnehmen. Das würde mich an deren Stelle auch verunsichern. Aber diese Verunsicherung ist gut. Denn man kann sich nun entscheiden, ob man Teil der Veränderung ist und für Gleichberechtigung eintritt oder ob man sich an eine Machtposition klammert, bis von der Macht nichts mehr übrig ist.

Intersektional zu denken und zu handeln ist nicht nur gegenüber der Mehrheitsgesellschaft wichtig. Sie ist auch in vermeintlich homogenen Gruppen relevant. So wird man etwa als Schwarze Frau auch in antirassistischen Kreisen mit männlichem Dominanzverhalten konfrontiert, obwohl man dort möglicherweise die Erfahrung des Rassismus teilt. Auch anderes Dominanzverhalten ist Thema innerhalb Schwarzer Communities. Wenn ich mit Menschen spreche, die *mixed race** sind, also einen Schwarzen und einen weißen Elternteil haben, geht es oft um die Kämpfe, die sie führen, da sie weder als weiß noch als Schwarz anerkannt werden. Und so berechtigt es ist, diese Erfahrungen zu teilen und die damit einhergehenden Verletzungen zu besprechen, darf man nicht vergessen, dass Identitätskrisen auch bei Menschen mit zwei Schwarzen Elternteilen eine Rolle spielen. Ebenso wie die Frage, wo man hingehört, eine Frage ist, die sich viele Menschen stellen, deren Familiengeschichte unterschiedliche Länder umfasst.

Tatsächlich dominierte innerhalb der Schwarzen deutschen Organisationen und Vereine lange Zeit die Gruppe der Menschen, die *mixed race* sind, und auch der Begriff »afrodeutsch« meinte zunächst diesen Hintergrund. Im Laufe der Zeit hat eine Umdeutung des Begriffes stattgefunden, sodass auch Schwarze Menschen mit zwei Schwarzen Elternteilen sich als afrodeutsch verstehen. Nach wie vor gibt es aber viele, die sich mit dem Begriff nicht identifizieren können, sondern sich als »Schwarze Deutsche« verstehen. Andere wiederum lehnen das »Deutsche« ab, weil sie einfach keine deutsche Staatsangehörigkeit haben oder sich nicht

---

* Der Begriff ist nicht unumstritten. Manche verwenden *biracial* oder andere Begriffe. Sprachliche Prozesse sind eben komplex und selten abschließbar.

als deutsch identifizieren. Ihnen reicht das Wort *Schwarz* – und, um es an dieser Stelle noch einmal deutlich zu machen: Bei »Schwarz« handelt es sich, wie man auch wieder an diesen Beispielen merkt, nicht nur um eine Hautfarbe, sondern um eine soziale Kategorie, die je nach Kontext variiert. Wie man sich selbst nennt und in Deutschland positioniert, hat, denke ich, viel mit der eigenen Geschichte zu tun. Damit, wie man hier aufgewachsen ist, aus welchem Land die eigenen Eltern kommen, ob sie auf dem afrikanischen, dem US-amerikanischen, europäischen oder einem anderen Kontinent geboren wurden. Ob die Schwarzen Eltern in der ersten Generation in Deutschland leben oder nicht.

Schwarze Identitäten sind vielfältig – gerade in Deutschland. Das bedeutet, dass auch all diese Perspektiven innerhalb und außerhalb der Schwarzen Community Platz finden müssen. Es macht einen Unterschied, ob unsere Eltern hierhergeflohen sind, mit einem Stipendium hierhergekommen sind, hier geboren sind, akademisch gebildet sind oder nicht, ob wir adoptiert sind oder nicht. All diese Erfahrungen führen zu unterschiedlichen Wahrnehmungen, Erfahrungen und Startbedingungen. So können (aber müssen nicht!) sich die Voraussetzungen bei *mixed race*-Schwarzen insofern unterscheiden, dass der Zugang zur weißen Mehrheitsgesellschaft und ihren Strukturen leichter ist, gerade wenn man mit dem weißen Teil der Familie aufwächst. Wenn man aber beispielsweise in einer Flüchtlingsunterkunft aufwächst und, wie bei mir, der Zugang zur Mehrheitsgesellschaft erst mit fünf Jahren beginnt, ist die Situation eine völlig andere. Doch auch das trifft nicht auf

alle *dark skin*-Schwarze zu: Akademiker*innen zum Beispiel, die über Stipendien hierhergekommen sind, haben
wiederum einen anderen und möglicherweise privilegierte-
ren Zugang als eine *mixed race*-Person, die mit armen Eltern
aufgewachsen ist. Und natürlich gibt es auch Mechanismen,
die unabhängig von den finanziellen Bedingungen wirken:
Ich bin zwar in einer Flüchtlingsunterkunft aufgewachsen,
aber dass ich akademisch gebildete Eltern habe, war ein Privileg, das mir den Zugang zu Bildung immer einfach und
selbstverständlich gemacht hat. Ich werde manchmal als
mixed race gelesen. Das merke ich vor allem an der Reaktion
von weißen Menschen, die mir sagen, dass ich sicherlich einen weißen Elternteil habe, weil ich so eloquent und klug
sei. Oder dass mein Gesicht so hübsch aussehe, was auch
daran liegen müsse, dass ich einen weißen Elternteil habe,
da meine afrikanischen Züge nicht so ausgeprägt seien.

In einer weißen Mehrheitsgesellschaft gehen also auch
damit Privilegien wie zum Beispiel eine erhöhte Sichtbarkeit einher. Im Kontext der ersten Generation der Schwarzen Organisationen in Deutschland ist das ein wichtiger
Punkt: Dies waren mehrheitlich *light skin*-Personen oder
sagen wir *mixed race*-Personen, während die Arbeit und
die Kämpfe von *dark skin*-Personen bzw. Menschen mit
zwei Schwarzen Elternteilen seit jeher eher Gefahr liefen,
unsichtbar zu bleiben. Das Phänomen nennt sich *Colorism*.
Weiße Menschen nehmen oft an, dass *Colorism* ein Problem
sei, das Schwarze Menschen einfach innerhalb der eigenen
Community geschaffen und mit dem sie nichts zu tun hätten. Das stimmt nicht. In meiner Bachelorarbeit habe ich

Arbeiten von Historiker*innen zitiert, die zeigen, inwiefern Schwarze Sklav*innen, die *light skin* oder *mixed raced* waren, besser behandelt wurden und vergleichsweise weniger harte Arbeit leisten mussten. Natürlich war jegliche Arbeit, die sie verrichteten, Zwangsarbeit und demnach grausam und falsch. Aber *dark skin*-Schwarze mussten eher auf dem Feld arbeiten und körperlich noch anstrengendere Arbeit leisten, während *light skin*-Schwarze mit Lockenstrukturen, die dem europäischen Haar ähnelten, also dem der Sklav*innenhalter*innen, eher im Haus arbeiten durften. Diese Hierarchisierung wurde also von Weißen vollzogen und sie tradiert sich über Jahrhunderte bis heute. Inzwischen wird diese Hierarchisierung aufgebrochen, analysiert und problematisiert, und zwar in erster Linie von Schwarzen Menschen selbst. Wir sind noch lange nicht am Ende angekommen, aber die Bewusstwerdung und die kritische Auseinandersetzung sind da und führen immer mehr zur gegenseitigen Anerkennung der verschiedenen Erfahrungen und Verletzungen. Es macht uns als Community stärker, wenn wir um unsere jeweiligen Positionierungen wissen und Strategien entwickeln, wie wir gemeinsam gestärkt Rassismus bekämpfen und ein sorgenfreieres Leben führen können.

Möchte man sich ernsthaft mit Diskriminierungserfahrungen auseinandersetzen und an einem Zusammenleben arbeiten, in dem diese offen thematisiert werden können, muss man sich weiteren blinden Flecken zuwenden: In einigen Schwarzen feministischen Kreisen, in denen eine

Mehrheit heterosexuell ist, muss der Erfahrungsebene von homosexuellen Schwarzen Frauen Raum gegeben werden. Und ebenso müssen Gruppen, die mehrheitlich cisgeschlechtlich sind, sich der Herausforderung stellen, die Diskriminierung von non-binären oder trans Personen nicht zu ignorieren. Ich habe mich in meinen Lektüren vielleicht am intensivsten mit der Realität Schwarzer cis-Frauen auseinandergesetzt, aber damit hört es nicht auf. Als Gesellschaft müssen wir nämlich auch immer noch akzeptieren lernen, dass es eben nicht zwei »biologische Geschlechter« gibt, sondern dass wir mit Menschen zusammenleben, die zum Beispiel non-binär sind. Wer in Felicia Ewerts Buch *Trans. Frau. Sein* von der Situation transgeschlechtlicher Menschen liest, wird nicht bezweifeln können, dass es höchste Zeit ist. Und noch immer führen wir Diskussionen, in denen sich selbst als solche bezeichnende Feminist*innen davor warnen, dass trans Frauen dem Feminismus schaden. Ich kann keinen Feminismus vertreten, der andere Frauen ausschließt. Wer bezweifelt, dass trans Frauen Frauen sind, handelt nur im eigenen Interesse und im Sinne der eigenen Machtsicherung.

Natürlich sind wir auch in feministischen Kreisen nicht fehlerfrei. Aber wir müssen einen höheren Anspruch haben, diese zu erkennen, um nicht innerhalb der diskriminierten Gruppen immer weitere Ausschließungserfahrungen zu erzeugen. Denn gerade, wenn Menschen glauben, einen Ort gefunden zu haben, der ihnen Sicherheit geben kann, in dem sie offen und frei sein können, sich nicht rechtfertigen müssen, ihren Schutzpanzer ablegen können, kann die Enttäuschung fatal sein, wenn sie merken, dass sie den Panzer doch besser anbehalten hätten. Es kann zu krassen Vereinsamungsgefühlen führen und zu dem Gedanken, dass es schlichtweg keinen Ort gibt, an dem man nicht die andere ist. Und ja, es ist wichtig, die Erfahrung zu machen, nicht die andere zu sein. Sich manchmal einfach so zu fühlen, als wäre man »ganz normal«, was auch immer das bedeutet.

Das Ziel muss sein zu verstehen, dass, so gerne wir auch in Schubladen und Boxen denken, weil es das Leben vereinfacht, die Dinge komplexer sind. Obwohl es für die Mehrheitsgesellschaft sicher immer leichter sein wird, auf bestehende Machtstrukturen zu verweisen und diese zu verfestigen, bin ich mir sicher, dass es die Mühe wert ist, sich hin und wieder ein paar Gedanken zum Thema Diskriminierung zu machen. Denn letztlich ist unsere Gesellschaft nicht wegen der Hautfarben, Religionen oder Identitäten so kompliziert, sondern weil wir zwar kein Problem damit haben, die neuesten technologischen Anwendungen zu studieren, aber zu googeln, was an bestimmten Begriffen und Praktiken problematisch ist.

Und noch etwas: Ich höre oft, dass es für den Großteil unserer Gesellschaft eine Herausforderung ist, Neues zu lernen, und man deswegen nicht so viel erwarten dürfe. Und dabei werden gerne die »einfachen Leute« genannt oder es wird gesagt, das sei ja wohl eher ein Thema für die Großstädte. Denn die (oft genug klassistische) Vorstellung davon ist meist ein weißer mittelalter Mensch im ländlichen Gebiet.

Ich lebe in Schleswig-Holstein. Das ist für deutsche Verhältnisse wohl der Inbegriff eines ländlichen Gebiets. Und

ich kenne hier viele Menschen, die queer, Schwarz und/
oder behindert sind, aber die gerne in ihrem Dorf oder in
ihrer Kleinstadt leben. Klar, in Berlin ist »das Anderssein«
ein wenig leichter – je nachdem in welchem Bezirk man
lebt –, weil es mehr Menschen und damit auch mehr Unterschiede gibt. Aber es muss doch überall möglich sein. Nicht
alle Menschen, die von Diskriminierungen betroffen sind,
möchten in Großstädte ziehen. Ich lebe gerne in Schleswig-Holstein. Warum sollte es hier keine Rolle spielen? Ist
es eine gültige Ausrede zu sagen, dass die Menschen in bestimmten Regionen Probleme mit Menschen wie mir haben, weil es nur so wenige gibt – wenn doch genau an diesen Orten Flüchtlingseinrichtungen brennen? Es ist eine
absurde Argumentation, die den Blick auf die Opfer lenkt
und nicht auf die Täter*innen. Es richtet den Blick immer
auf uns. Unsere Abwesenheit führt zu mehr Rassismus.
Und wenn sich in Bundesländern wie Nordrhein-Westfalen, wo viele von uns sind, einige wenige falsch verhalten,
kann die Mehrheitsgesellschaft gar nicht anders, als ein
schlechtes Bild von uns allen zu haben.

Wir können mehr sein als Gesellschaft, wenn wir diesen
Anspruch für alle gelten lassen. Wenn wir den intersektionalen Feminist*innen darin folgen, immer mehrere Ebenen
zu bedenken. Wir müssen die unterschiedlichen Situationen und Hintergründe von Menschen sehen und respek-
tieren, und im nächsten Schritt eben auch die jeweiligen
Herausforderungen erkennen und daraus politische Forderungen ableiten. Nur so können wir die Idee eines Zusammenlebens formulieren, das tatsächlich gleichberechtigt ist.

Der fehlende Vater

Der Bus
Paris
12 Stunden

Der Bus fuhr los
Der Bus bog links ab
Der Bus fuhr nach Paris
Der Bus fuhr 12 Stunden

12 Stunden reichen, um ein ganzes Leben hinter sich zu lassen

Mein Blick
Ein Schmerz

Ich blicke ihn an
Ich winke zum Abschied
Ich beiß mir auf die Lippen

Ich weine nicht

Sein Blick
Kein Schmerz

Die Gleichgültigkeit in seinem Blick
Der Moment dauert nicht länger als ein Atemzug
Das Bild brennt sich fest in mein Gedächtnis

Mein Vater

Es ist das letzte Mal, dass ich ihn sehe
als meinen Vater.

Eine schwere Zeit beginnt

Die Jahre an der weiterführenden Schule waren vor allem von Unsicherheiten geprägt. Die Leichtigkeit nahm ab und zugleich verstärkten sich die Sorgen. Meine Eltern hatten uns immer wieder vermittelt, dass der Moment kommen könnte, in dem wir Deutschland verlassen und wieder zurück nach Mali müssten. Inzwischen war ich alt genug, um zu begreifen, was das bedeuten würde. Aber richtig begreifen konnte ich es nicht: »Wieder zurück« klang für mich immer absurd, schließlich war ich noch nie dort gewesen. Medina auch nicht, Saka und Mariam, die dort geboren waren, hatten wenig bis gar keine Erinnerungen. Wir durften Deutschland nicht verlassen, wenn wir nicht die befristete Erlaubnis, hier zu leben, aufs Spiel setzen wollten.

Meine Eltern waren wegen der andauernden politischen Unruhen aus Mali geflohen. 1990 hatten sich die Proteste gegen den Präsidenten Moussa Traoré verstärkt, der das Land seit Ende der 60er-Jahre regierte. Immer wieder wurden Oppositionelle und Mitglieder der Regierung inhaftiert und ermordet. 1991 kam es zu einem Staatsstreich. Unter der Führung des Generals Amadou Toumani Touré (mit dem ich nicht verwandt bin) wurden demokratische Wahlen organisiert und die Situation stabilisierte sich langsam. Zwei Amtszeiten später wurde Touré zum Präsidenten gewählt. Das Land entwickelte sich zu einer Art Beispiel gelungener Demokratisierung auf dem afrikanischen Kontinent, bis sich Ende 2011 ein alter Konflikt um die Tuareg neu entfachte. Sie forderten für ihr Gebiet im Norden Malis die Unabhängigkeit, auf ihrer Seite kämpften Söldner*innen und Islamist*innen aus dem Krieg in Libyen. Das Militär schaffte es nicht, die Rebell*innen zurückzudrängen, putschte aber den Präsidenten Touré aus dem Amt. In der Folge flohen zahlreiche Menschen in die Nachbarstaaten. Bis heute gibt es in Mali immer wieder Unruhen und gewaltsame Auseinandersetzungen.

Unser Leben war hier in Deutschland. Das einzige Leben, das ich kannte. Ich wollte nicht »zurück«. Hier hatte ich meine Freund*innen, meine Schule und auch meinen einzigen großen Traum: in Deutschland bleiben dürfen. Für immer. Keine Ausländerbehörden mehr, keine kurzen Aufenthaltsgenehmigungen, die uns manchmal lediglich für zwei Wochen oder drei Monate Sicherheit vor einer Abschiebung boten. Einfach in Deutschland leben dürfen. Das wäre was. Für uns Kinder entwickelte sich daraus ein immer weiter wachsender Druck. Wir versuchten, sehr gut in der Schule zu sein. Wir wollten keine Fehler machen, denn wir hatten im Kopf, dass sich diese vielleicht auf unsere Chancen auswirkten, hierbleiben zu dürfen. In einer Erinnerung aus dieser Zeit sitzt Mariam – oder war ich es?, wir wissen es nicht mehr genau – einmal weinend in der Schule, fest davon überzeugt, dass eine schlechte Note für unsere ganze Familie die absolute Katastrophe sei.

Die meisten Geschichten aus diesen Jahren kenne ich

von meiner Mutter. Sie erzählt davon, wie wir unentwegt zum Amt mussten, es wirkte, als versuchte man, uns mental zu brechen: Nachdem die Ausländerbehörde einem attestierte, man dürfe noch zwei weitere Wochen in Deutschland bleiben, ging es zum Arbeitsamt, um die Arbeitserlaubnis zu verlängern. Anschließend ging man zur Arbeitsstelle, die wiederum zustimmen musste. Das bedeutete auch, dass meine Eltern Arbeitgeber*innen finden mussten, die einen solchen Zirkus mitmachten. Denn eine Arbeit zu haben, war wiederum wichtig für die Chancen, die Aufenthaltserlaubnis verlängert zu bekommen. Ein Teufelskreis des Psychoterrors. Währenddessen sahen wir, wie befreundete Familien das Land verlassen mussten. Es brach einem jedes Mal das Herz und man wusste nicht, ob man die nächste Familie sein würde. Es machte einen paranoid, keine Gewissheit zu haben. Was ist, wenn morgen der letzte Tag in Deutschland ist? Man ist geduldet. Im wahrsten Sinne des Wortes. Man ist auf Durchreise, aber irgendwie schon sein Leben lang.

Ich war zwölf Jahre alt, als wir unsere Pässe überreicht bekamen. An den Moment selbst kann ich mich nicht mehr erinnern, nur daran, wie es sich angefühlt hat, endlich deutsche Staatsbürgerin zu sein. Es war eine Erleichterung. Nun würde alles leichter werden. Meine Eltern hatten Jobs, bei denen sie Geld verdienten und sogar etwas beiseitelegen konnten. Unser Lebensstandard war immer noch nicht hoch, aber wir konnten uns ein bisschen mehr leisten als früher. Wir überlegten sogar, irgendwann ein Haus zu kaufen. Meine Schwestern und ich blätterten in Katalogen und stellten uns vor, wie wir unsere eigenen Zimmer einrichten würden. Aber es kam anders, da mein Vater uns kurz danach verließ und für meine Schwestern, meine Mutter und mich ein neues Kapitel begann. Es fühlte sich an, als würden wir wieder bei null anfangen.

Ich war 13, als unser Vater ging. Für meine nun fünfköpfige Familie folgten schwierige Jahre. Meine Mutter war nun alleinerziehend mit vier Töchtern. Ihre Töchter ohne Vater. Meiner Mutter war es immer wichtig, dass sie da war, wenn wir aus der Schule kamen. Das war nicht einfach, aber sie richtete es mit der Arbeit so ein. Ein Erlebnis an das ich mich erinnere, verkörpert für mich den ganzen Schock dieser schlagartigen Veränderung: Meine Mutter hatte in dem Altenheim, in dem sie arbeitete, ein gutes Verhältnis zu einer Bewohnerin. Als diese erfuhr, dass sich unsere Lebenssituation gerade dramatisch geändert hatte, erzählte sie meiner Mutter, eine Bekannte von ihr könne uns Kleidung geben. Ich weiß noch, wie die Altkleider in Säcken ankamen und wir darin wühlten und guckten, ob uns etwas gefiel. Ich suchte nur halbherzig. Es war herzlich, dass uns geholfen wurde, aber ich fühlte mich gedemütigt. Wieso befanden wir uns wieder an dem Punkt, an dem wir Hilfe brauchten? Diese Phase hatten wir doch eigentlich überstanden. Eigentlich.

Meine Mutter mochte ihren Job als Pflegehelferin, mit alten Menschen kam sie immer gut klar. Es war ihr wichtig, dass Menschen einen würdevollen Lebensabend verbrachten. Sie erzählte oft von den Bewohner*innen. Wenn meine Mutter von etwas erzählt, das sie berührt, dann hat sie immer ein Glänzen in den Augen. Sie sieht einen dann nicht direkt an, sondern blickt an einem vorbei, als würde sie gar nicht merken, dass man da ist, obwohl sie einem gerade etwas erzählt. Sie schwelgt in einer Erinnerung oder denkt so intensiv an einen Moment zurück, dass man das Gefühl hat, sie nimmt ihre Umgebung nicht wahr.

Als wir deutsche Pässe bekamen, dachte ich, dass ich ab jetzt deutsch wäre. Diese Illusion blieb nicht lange. Denn wenn es eins gibt, das bis heute nicht aufhört, dann ist es die Frage nach der Herkunft und damit das Absprechen der Zugehörigkeit. Immer und immer wieder. Mit der Frage ging auch eine tiefsitzende Identitätskrise einher. Bin ich deutsch? Bin ich malisch? Keine Antwort schien den Menschen zu passen. Wenn ich sagte, ich sei deutsch, lachten einige. Wenn ich sagte, malisch, fragten andere, wieso ich mich nicht als deutsch empfände.

Eine Antwort bedeutet niemals das Zufriedenstellen der Fragenden. Es begann ziemlich früh, dass Erwachsene ihre »Neugierde« gestillt haben wollten. Ich war jedes Mal total verwundert. Ich dachte: »Hä, wieso fragt dieser Mensch mich das?« Früher, als ich noch sehr jung war, fünf oder sechs Jahre alt, kam ich nicht auf die Idee, dass es meine Hautfarbe war, die fremde Menschen nach meiner Herkunft fragen ließ und sagte: »Na, aus Neumünster!« Das war der einzige Ort, den ich kannte. Dann gaben sie mir aber zu verstehen, dass das leider nicht die richtige Antwort auf ihre Frage war: »Nein, so richtig!« Ich war verwirrt. Mit der Zeit begriff ich, dass die Menschen nicht die richtige Antwort hören wollten, sondern die Antwort, die sie für richtig hielten. Das war natürlich nicht Neumünster, sondern irgendein afrikanisches Land. Wenn ich »Mali« sagte, war mein Gegenüber erleichtert. »Wusst ich's doch, dass sie aus ›Afrika‹ kommt!« Nicht, dass die Menschen etwas mit meiner Antwort »Mali« anfangen konnten. Kein Mensch wusste auch nur irgendwas über das Land, und sei es nur, wo es sich genau befindet. Aber, na gut. Sie waren zufrieden.

Bis heute sagen mir immer wieder Menschen, wie sie an meiner Stelle mit diesen Situationen umgehen würden. Ich kann anscheinend nicht oft genug sagen, dass das schon das Problem ist: eine Strategie zu brauchen. Warum müssen Menschen wie ich strategisch überlegen, wie sie mit einer Situation umgehen? Wieso stehen wir unentwegt vor der Entscheidung, ob wir durch Beantwortung oder Nichtbeantwortung der Frage eine »unangenehme Situation« entstehen lassen? Natürlich lassen wir sie nicht selbst entstehen, schließlich wurden wir ja gefragt, aber in 99 % der Fälle wird einem bei einer Reaktion, die nicht vollkommen den Erwartungen der fragenden Person entspricht, »Hysterie«, Empfindlichkeit oder Kontrollverlust vorgeworfen. Es ist sicher immer nett und gut gemeint, wenn jemand einem Tipps geben möchte. Allerdings ist es eben nicht das erste Mal, dass einem diese Frage gestellt wird. Ich habe Strategien. Anders geht es überhaupt nicht. Und diese Strategien umfassen das Reagieren und das Nichtreagieren. Wenn ich davon erzähle, möchte ich keine Ratschläge hören à la *»How-to-survive-as-a-black-person-in-a-white-country«*, ich will Dampf ablassen. Ich weiß, es ist manchmal schwer, solche Situationen auszuhalten, wenn man zuhört und nicht betroffen ist. Aber manchmal ist es genau das, was es braucht.

Als Jugendliche fing ich an, mich mit Afroamerikaner*innen zu identifizieren. Das war der Bezugspunkt, den ich hatte. Viele junge Schwarze Menschen in Deutschland berichten davon. Afroamerikaner*innen sah man in den Medien, und zwar ausnahmsweise ohne negative Konnotation. Nicht als bemitleidenswerte Gruppe, wie Schwarze Menschen vom afrikanischen Kontinent aus europäischer Perspektive abgebildet wurden. In Filmen, Musik und Sport wurden Afroamerikaner*innen als Vorbilder und meist als erfolgreich dargestellt.

Leider führte auch das wiederum dazu, dass Menschen einen mit rassistischen Stereotypen konfrontierten. Sportlich sein, super tanzen und singen zu können, gehörte nach Meinung vieler weißer Menschen zum Schwarzsein dazu. Menschen verbinden diese Form von rassistischer Zuschreibung gerne mit dem Ausdruck »positiver Rassismus«. Ich sage es ein für alle Mal in diesem Buch: Es gibt keinen positiven Rassismus. Dieser Begriff impliziert, dass es auch manchmal gut sei, stereotypisiert zu werden. Es ist rein gar nichts gut daran, aufgrund von Herkunft oder Hautfarbe Zuschreibungen zu erfahren. Dass jemand das »im Blut« hat, bedeutet nichts anderes, als dass wir uns nicht anstrengen müssen, um gut in etwas zu sein. Dass man nicht trainieren muss, um Weltklasse-Sportler*in zu sein wie Serena Williams oder Usain Bolt. Es ist nur ein weiterer Punkt in der Argumentation weißer Menschen, um Schwarzen Menschen abzusprechen, dass sie mit den gleichen Mitteln, Training und Disziplin, in etwas besser sein können. Wenn ein Schwarzer Mensch besser ist als ein weißer Mensch, dann muss das angeboren sein. Das ist die Logik dahinter. Viel zu viele Menschen haben sich mit dem Thema noch nicht auseinandergesetzt. Deshalb interessiert es mich absolut nicht, wie vielen Schwarzen Menschen jemand begegnet ist, die gut singen oder tanzen können, was ja wohl als Beweis genügt. Es ist rassistisch. Bevor die heftige Schnappatmung losgeht, empfehle ich immer zu reflektieren, welchen rassistischen Erzählungen man unüberlegt gefolgt ist.

Und doch war es schön, afroamerikanische Identifikationsfiguren zu haben. Je älter ich wurde, desto häufiger stellte ich mir aber die Frage, wo meine afrodeutschen oder Schwarzen deutschen Identifikationsfiguren waren.

Als mein Vater ging, war ich ein Teenager, der Dinge tat, die Teenager nun einmal tun. Ich versuchte herauszufinden, wer ich bin. Herr Rohkohl war dabei sehr wichtig. Er war einer dieser Lehrer, die einem vermitteln: Man lernt nicht für Klausuren, sondern fürs Leben! Ich hatte Deutsch- und Weltkundeunterricht bei ihm. Gerade auf den Deutschunterricht habe ich mich immer gefreut. Dort konnte ich das tun, was ich am liebsten tat: lernen, Sprache zu verstehen und mit ihr umzugehen. Interpretieren, was Menschen durch Worte zum Ausdruck bringen. Wie sehr Sprache mit dem Verständnis von Geschichte zu tun hat, was es bedeutet, Texte vor dem Hintergrund der Zeit zu analysieren, in der sie geschrieben wurden. Er machte mir wie niemand vor oder nach ihm begreifbar, welche Macht Sprache haben kann. Zum Guten wie zum Schlechten. Bis heute bin ich fasziniert davon, wie es gelingen kann, mit einzelnen Worten unzählige Menschen, ganze Teile der Gesellschaft, zum Nachdenken oder zum Handeln zu bringen. Dazu, die Veränderung selbst in die Hand zu nehmen.

Herr Rohkohl hat mich immer darin bestärkt, mehr vom Leben zu wollen und zu verlangen. Mich anzustrengen und an mich zu glauben. Ich habe manchmal den Eindruck, dass unterschätzt wird, wie wichtig einzelne Lehrer*innen für die Persönlichkeitsentwicklung sein können. Lehrer*innen und andere Bezugspersonen außerhalb der Familie sind in diesem Alter unheimlich wichtig. Denn gegen die Autorität der Eltern, in meinem Fall meiner Mutter, beginnt man zu rebellieren. Dass es in Gestalt meines Lehrers ein Korrektiv gab, war ein großes Glück. Einmal hatte Herr Rohkohl meiner Mutter bei einem Eltern-Lehrer-Gespräch berichtet, dass ich durch den Wind sei und mich in der letzten Zeit verändert habe. Er sagte, dass ich nicht mehr so begeistert am Unterricht teilnehme und er es sich nicht erklären könne. Meine Mutter erzählte mir Jahre später, sie habe ihm bei diesem Gespräch gesagt, dass mein Vater uns verlassen hatte, dass er ohne Vorwarnung gegangen war. Ich habe es mir lange Zeit nicht eingestanden, aber das beeinflusste natürlich mein Leben. Ich versuchte, den Schmerz weitestgehend hinunterzuschlucken und weiter im Text zu machen. Ich dachte, wenn er uns nicht haben will, dann lohnt es sich nicht, traurig zu sein. Keinen einseitigen Schmerz zulassen und ihn mir vor allem nicht eingestehen. In dieser Zeit fing ich an, lyrische Texte und Kurzgeschichten zu schreiben. Nach der Schule verzog ich mich oft in die Stadtbibliothek und las dort stundenlang, bis sie zumachten. Ich flüchtete in die Bücher.

Herr Rohkohl war die einzige männliche Bezugsperson in meinem Leben, nachdem mein Vater gegangen war. Als er uns im Deutschunterricht erzählte, dass er an eine andere Schule wechseln würde, brach eine Welt für mich zusammen. Ich verstummte in dem Moment, in dem er es sagte. Es zog einfach an mir vorbei. Ich hörte nicht mehr hin und musste mit den Tränen kämpfen. Mir war es unangenehm, mitten im Unterricht anzufangen zu weinen. Ich wollte nicht schwach wirken vor meinen Klassenkamerad*innen. Auch wenn sowieso alle wussten, wie wichtig Herr Rohkohl für mich war. Ich stand auf, entschuldigte mich und ging auf Toilette. Schon während ich die Klassenzimmertür hinter mir zuzog, brach ich in Tränen aus. Unaufhörlich weinte ich auf Toilette. Was sollte ich jetzt tun? Es gelang mir nicht, mich zu beruhigen. Ich ließ meine Schulsachen im Klassenzimmer, kehrte nicht in den Unterricht zurück und lief einfach nach Hause. Als ich an unserer Haustür klingelte, fragte meine Mutter durch die Gegensprechanlage, wer da sei. Meine Stimme, zu zittrig, einen geraden Satz herauszubringen, antwortete krächzend: »Herr Rohkohl verlässt die Schule.« Meine Mutter wusste sofort, was das bedeutete und sagte nur: »Oh, nein.«

Ich schrieb ihm einen Brief, in dem ich ihm mitteilte, es mache mich traurig, dass er die Schule verlassen würde.

Dass er für mich ein wichtiger Mensch sei. Ich erzählte, dass mein Vater uns verlassen hatte und ich fragte ihn, ob er eines Tages zu meiner Hochzeit kommen würde. Einige Tage später traf ich ihn auf dem Schulflur. Es war während einer Schulstunde, ich wollte wohl etwas aus meinem Spind holen und er war auf dem Weg in eine Schul-Klasse oder ins Lehrer*innenzimmer. Er sagte, dass er meinen Brief bekommen habe und bedankte sich. Wir standen dort, während alle anderen in ihren Klassenzimmern waren, und sprachen über meinen Vater und das Verlassenwerden. Er versprach mir, dass er zu meiner Hochzeit kommen würde. Als ich viele Jahre später tatsächlich heiraten sollte, würde er nicht da sein.

Auch nachdem er die Schule verlassen hatte, rief er zu meinen Geburtstagen an oder schrieb mir Geburtstagskarten. Nach ein paar Jahren aber bekam er Krebs und es war klar, dass er das nicht überleben würde. Eines Tages rief er mich an, seine Stimme klang anders als sonst. Ich weiß nicht mehr, worüber wir genau sprachen und ich sagte auch nicht besonders viel. Es traf mich zu sehr. Das Einzige, worüber ich nachdenken konnte, war, dass dies das letzte Gespräch war, das ich mit ihm führen würde. Wir legten auf und ich fühlte sofort eine Leere. Kurze Zeit später starb er. Eine Freundin erzählte es mir im Auto, als sie mich zu Hause absetzte. Eine Lehrerin teilte mir mit, dass er sich für seine Beerdigung gewünscht hatte, dass ich ein Gedicht vortrage. Das tat ich und nahm Abschied von einem für mich wichtigen Menschen, den ich nie vergessen werde.

Nach Mali reisten wir zum ersten Mal, als ich 13 Jahre alt war. Es war auch das letzte Mal, dass wir unseren Vater sahen. Wir lernten das Land unserer Eltern kennen und auch unsere Großmutter, Tanten, Onkel, Cousins und Cousinen. Es war besonders, dort zu sein. Unsere Eltern hatten uns viel davon erzählt. Meine Mutter kochte oft malisches Essen und mein Vater spielte uns manchmal Videokassetten von malischen Musiker*innen vor. Da uns lange Zeit die Angst, unsere Heimat – Deutschland – verlassen zu müssen, begleitet hatte, waren wir so oder so gezwungen, uns damit auseinanderzusetzen, wie es wäre, in Mali zu leben. Vor Ort war es dann völlig anders.

Wir vier Schwestern hatten uns vorgestellt, zum ersten Mal in der Masse unterzugehen. Doch auch hier wurden wir wie Fremde behandelt. Wir dachten, das Fremdsein komme in Deutschland daher, dass wir eben zu einer Minderheit gehörten. Aber der Wunsch nach Mehrheitserfahrung realisierte sich auch hier nicht. Nicht einmal für einen Urlaub. Die Menschen merkten sofort, dass wir nicht hier aufgewachsen waren. An einem Tag legten wir es wirklich darauf an, nicht aufzufallen. Wir ließen uns traditionelle Kleidung schneidern und dachten, dass man uns in unseren neuen Outfits für »normal« halten würde. Wir gingen an einer großen Hauptstraße entlang und wiegten uns in Sicherheit. Heute sind wir wie alle anderen! Ein Mann fuhr auf einem Mofa an uns vorbei und er konnte nur wenige Sekunden gehabt haben, um uns zu analysieren. Er rief uns hinterher: »Ahh, les Françaises!«

Zurück in Deutschland stellte ich mir die Frage, ob es

überhaupt einen Ort gibt, an dem man nicht die Fremde ist. Wo ist dieser Ort für uns, an dem wir einfach wir sind? Ich habe mich immer gefragt, warum Menschen davon ausgehen, dass es für Menschen wie mich leichter sei, in ein anderes Land zu gehen und sich dort zurechtzufinden und zu Hause zu sein. Als wären wir durch die Tatsache, dass unsere Eltern aus einem anderen Land kommen, automatisch anpassungsfähiger und weniger emotional gebunden an den Ort, in dem wir leben, zur Schule gehen und der schlichtweg unser Zuhause ist.

Heimatlos

Ich bilde mir ein –
dass jedes Mal,
wenn man mich fragt,
Wo kommst du her?
die Vermutung dahintersteckt,
ich sei nicht von hier.

Ich bilde mir ein –
dass jedes Mal,
wenn man mich fragt,
Wie oft bist du in der Heimat?
die Vermutung dahintersteckt,
die Heimat der Deutschen
könne nur weiß sein.

Meine Heimat,
   — in der ich so lange war wie ein Sommerurlaub —
Schwarz sein muss.

Ich fühle mich heimatlos.
Weil das, was für mich Heimat ist,
mir zunehmend genommen wird.

Heimat ist nicht der Ort,
wo mich die Blicke der anderen verfolgen,
die mir sagen,
DU bist anders.
DU bist hier nicht gewollt.

Heimat ist für mich,
wo meine Freund*innen sind,
wo meine Familie ist,
wo das Meer ist,
wo ich sein kann.

Armut und Scham

Nach der Schule entschied ich mich zu studieren. Da meine Eltern studiert hatten, war das nicht wirklich eine Frage. Die Frage war vielmehr, was das Passende für mich sein könnte. Seit klar war, dass wir in Deutschland bleiben dürfen, hatte ich nämlich doch angefangen zu träumen: Eine Zeit lang stellte ich mir zum Beispiel vor, Botschafterin zu werden. In der elften Klasse besuchte ich eine Veranstaltung des Auswärtigen Amts an der Kieler Universität und fragte anschließend, was ich studieren müsse, um irgendwann mal Botschafterin zu werden. Die referierende Person sagte, dass das dann wohl eine »Laufbahn im höheren Dienst« sei. Dafür könne ich studieren, was ich wolle, ich müsse nur einen Masterabschluss haben und dann die Tests bestehen. Das war genau die Antwort, die ich hören wollte. Denn die Vorstellung, etwas zu studieren, das mich nicht interessiert, nur um viele Jahre später einen bestimmten Job zu bekommen, erschien mir nicht besonders verlockend.

Mir gab es ein gutes Gefühl zu wissen, wohin die Reise gehen sollte, einen Rahmen und ein Ziel zu haben. Unabhängig davon, ob es am Ende wirklich klappen würde. Ich machte mich auf die Suche und fand bald den ersten Masterstudiengang, der mich interessierte: Internationale Beziehungen und Entwicklungspolitik an der Universität

Duisburg. Das war eine gute Aussicht und ich hatte direkt das Gefühl, dem Ziel noch einen Schritt näher gekommen zu sein: der Job, der Master – fehlte noch der Bachelorstudiengang, mit dem es losgehen würde. Politikwissenschaft und Französische Philologie sollten es werden. Ersteres, weil ich mich schon seit einigen Jahren sehr für Politik interessierte, und Letzteres, weil ich Sprachen mochte. Das Studium bestand vor allem aus Sprach- und Literaturwissenschaft, beides hörte sich sehr gut an.

Ich hatte eine ganz bestimmte Vorstellung vom Studieren. Meine Lehrer*innen und Eltern hatten oft davon erzählt, dass es die Zeit im Leben sei, bei der man zum ersten Mal nur den eigenen Interessen nachgehen könne. Mit Kommiliton*innen und Professor*innen über Fragen philosophieren, die einen wirklich beschäftigten. Genau das wollte ich tun.

Bevor ich mich in dieses neue Leben stürzen würde, hatte ich mir vorgenommen, eine neue Sprache zu lernen. Englisch fiel mir leicht, Deutsch und Französisch waren keine »Fremdsprachen« gewesen. Mit Spanisch hatte ich in der Oberstufe angefangen, jetzt war ein guter Zeitpunkt, es zu perfektionieren. Mein Plan war, für eine längere Zeit ins Ausland zu gehen, am liebsten nach Südamerika. Herr Rohkohl hatte mit seiner Familie für einige Jahre dort gelebt und immer, wenn wir am Ende einer Stunde noch ein wenig Zeit hatten, erzählte er uns Geschichten aus seiner Zeit in Bolivien und Argentinien. Ich stellte es mir großartig vor.

Als der Zeitpunkt näher rückte, stellte sich jedoch heraus, was es wirklich bedeuten würde, länger weg zu sein: Ohne mein Kindergeld hätten Medina und meine Mutter nicht in unserer Wohnung bleiben können. Meine Mutter machte damals eine Umschulung, da ihr Studienabschluss schließlich doch anerkannt worden war (zwar nur als Abitur, aber immerhin). Nach 18 Jahren in Deutschland, in denen sie auf dem Papier gar keinen Abschluss hatte und nur Helfer*innentätigkeiten nachgehen konnte, würde sie sich endlich auf bessere Jobs bewerben können. Das war eine großartige Möglichkeit für sie und für uns. Vorerst aber war das Geld knapp, da wir während ihrer Umschulung von staatlicher Hilfe lebten. Meine Mutter hatte die Phasen, in denen wir auf diese Unterstützung angewiesen waren, immer gehasst. Selbst als mein Vater noch da war und meine Eltern beide arbeiteten, reichte das Geld oft nicht. Das sollte jetzt das letzte Mal sein. Schließlich verbrachte ich im Sommer sechs Wochen als Au-pair in Madrid. Ich lebte bei einer tollen Familie und kümmerte mich um die zwei Kinder.

Ich kam voller Energie aus Madrid zurück und stürzte mich ins Studium. Das erste Jahr blieb ich zu Hause wohnen, bekam BAföG, arbeitete nebenbei in Neumünster und pendelte an die Uni. Im zweiten Jahr zog ich nach Kiel. Meine Mutter war fast fertig mit ihrer Umschulung, ich überließ ihr das Kindergeld und arbeitete einfach mehr. So passte alles. Fast. Denn im ersten Monat zahlte das BAföG-Amt nicht und ich konnte meine Miete nicht zahlen. Ich hatte gerade einen neuen Job angefangen und es war klar, dass ich meinen Lohn erst am Ende des Monats erhalten würde. Ich schämte mich in Grund und Boden, als ich es meiner Mitbewohnerin erzählen musste. Ich sagte ihr, ich würde mir etwas einfallen lassen. Mein damaliger Freund konnte mir mir das Geld leihen, aber die ganze Situation war mir wahnsinnig peinlich. Eigentlich hatte ich alles organisiert: Ich hatte Möbel für sehr wenig Geld aufgetrieben und mit vielen Freund*innen mit dem Bus und zu Fuß durch die ganze Stadt transportiert.* Ich hatte meine Unterlagen rechtzeitig beim BAföG-Amt abgegeben, mehrmals angerufen, um sicherzugehen, dass alles angekommen war. Ich gab nie mehr Geld aus, als ich besaß, aber für einen solchen Fall hatte ich keine Rücklagen. Geld sparen war bisher schlichtweg nicht möglich gewesen. Das holte mich in diesem Moment ein.

Ich bekomme immer wieder mit, dass Menschen irgendwie bewundernd über meinen Lebenslauf sprechen. Als Schwarzes Kind in einer Flüchtlingsunterkunft aufzuwachsen, von Anfang an die Sorge um die Aufenthaltsberechtigung zu kennen, ein unsicherer Alltag mit Rassismuserfahrungen und Benachteiligungen – »Mensch und trotzdem ist sie nun da, wo sie ist!« Und natürlich ist das nicht gerade leicht. Aber ehrlich gesagt, merke ich immer wieder, dass schon allein die Tatsache, arm zu sein, eine wesentliche Komplikation in meinem Leben darstellte.

Zuletzt hatte ich diesen Gedanken, als ich Édouard

---

* Danke noch mal, dass ihr mir bei den unzähligen Umzügen geholfen habt. Ich habe es sehr ernst genommen, als ihr mir bei meinem letzten Umzug gesagt habt, dass es jetzt wirklich reicht und ihr nicht mehr helfen werdet. Aber wenn's doch so weit kommen würde, rufe ich euch trotzdem an xoxo

Louis' Buch *Wer hat meinen Vater umgebracht* gelesen habe. Er beschreibt darin sein Verhältnis zu seinem Vater, aber er kritisiert dabei vor allem die gesellschaftspolitischen Zustände in Frankreich und die dramatischen Auswirkungen, die das Handeln der Politik auf das Leben der Menschen in der sogenannten Unterschicht hat. Zu sagen, dass wir arm waren, ist für mich bis heute mit Scham verbunden. Ich spreche nur selten davon, manchmal reiße ich das Thema grob an. Vielleicht ergibt es sich für die meisten aus dem Fakt, dass wir in einer Flüchtlingsunterkunft lebten. Die Tatsache, dass wir arm waren, war aber nicht einfach eine zusätzliche Herausforderung, sie resultierte aus den Bedingungen, unter denen wir lebten. Wir waren arm, weil politische Entscheidungen dazu führten, dass meine Eltern ihre erlernten Berufe nicht ausüben konnten.

Gerade meine Mutter hat immer darauf geachtet, dass es uns an nichts fehlte und man uns unsere finanzielle Situation nicht ansah. Man wusste vielleicht, dass wir nicht sonderlich reich waren, aber wir waren stets gut gekleidet und gut frisiert. Ihr war es wichtig, dass unsere Armut uns nicht belastete, wenn schon die Tatsache, Schwarz zu sein, dazu führte, dass wir anders behandelt wurden. Ich wusste immer, dass wir kein Geld hatten, um Dinge zu tun, die andere, nicht alle, aber viele, taten: zu jeder Ferienzeit ein Urlaub, zu jeder Jahreszeit neue Kleidung und jederzeit Taschengeld, um ins Kino zu gehen. Ich hatte Momente, in denen ich meine Mutter verfluchte, weil ich nicht mit ins Kino gehen oder zu irgendeiner Unternehmung mitfahren konnte, die für alle anderen eine Selbstverständlichkeit war. Dass wir uns etwas nicht leisten konnten, kaschierte meine Mutter oft damit, dass sie es mir einfach verbot. Aber Armut ist nichts, was Eltern mit solchen Tricks verheimlichen können, sosehr sie es auch versuchen. Ich wusste auch als Kind, aus welchem Grund bestimmte Dinge nicht gehen, aber ich war deswegen doch sauer auf sie. Ich war sauer auf sie, obwohl ich wusste, dass sie nichts lieber getan hätte, als meinen Schwestern und mir alle Wünsche zu erfüllen. Es gab Situationen, in denen ich auf eine meiner Schwestern eifersüchtig war, weil meine Eltern ihr etwas ermöglichten, was für uns andere einen Verzicht bedeutete. Es war ein Wechsel. Mal bekam ich etwas, mal eine meiner Schwestern. Alle zugleich ging nie. Ich war sauer und ich hatte gleichzeitig Verständnis.

Armut betrifft viele Menschen in unserer Gesellschaft, und während Eltern und sogar Kinder sich jeden Tag darüber Gedanken machen, wie sie diesen Monat überstehen können, schaut man die Nachrichten oder verfolgt Gespräche unter Freund*innen oder Bekannten und stellt fest, wie über Menschen hergezogen wird, die arm sind. Die im Volksmund »asozial« genannt werden. Wir lachen über sie und sind es doch teilweise selbst – wir versuchen so, den Schmerz zu überdecken, den wir eigentlich verspüren, wenn über uns geredet wird.

In unserer Gesellschaft wird Armsein so diskutiert, als suchte man es sich aus. Wenn man an der Universität ist, gilt es fast als chic, keine Kohle zu haben. Viele Studierende kokettieren mit der Tatsache, kein Geld zu haben und prekär zu leben. Ich fühlte mich in meiner Zeit als Studentin zum ersten Mal nicht außen vor, wenn ich Geldprobleme hatte. Ich fühlte mich wie eine von vielen. Bis sich dann immer wieder herausstellte, dass die Armut, die die anderen vorgaben, sich in dem Moment auflöste, in dem die Studiengebühren fällig waren. Ihre Eltern zahlten und überwiesen auch gleich noch Geld für Winterkleidung. Ich merkte dann, dass es doch eher eine Illusion gewesen war, eine von ihnen zu sein. Das Privileg, jedes Jahr Geld für Winterkleidung zu haben, hatte ich nicht einmal als Kind gekannt. Nun musste ich zusehen, wie ich Studium und Nebenjobs nebeneinander organisiert bekomme. Meine Mutter fragte mich oft, ob alles in Ordnung sei und ob ich es hinbekäme. Ich sagte immer: ja, natürlich. Was blieb mir auch übrig? Was hätte sie tun können? Sie konnte mir das Geld, das ich brauchte, eh nicht geben und ich wollte ihr nicht zusätzlich noch ein schlechtes Gewissen machen. Es ging ja auch irgendwie. Irgendwann erklärte mir eine Kommilitonin sogar, ich sei privilegiert, da ich im Gegensatz zu ihr BAföG erhielt – sie sei auf ihre Eltern und deren Wohlwollen angewiesen. Ihre Eltern gaben ihr so viel Geld, dass sie Wohnung, Nahrung, Kleidung, Studiengebühren, gelegentliche Urlaube und regelmäßiges Ausgehen ohne Nebenjob finanzieren konnte. Sie erwarteten von ihr im Gegenzug gute Noten an der Uni. Ich sei also privilegiert, weil ich all diesen Druck nicht verspürte: Ich lieh mir ja nur Geld vom Staat, der es mir bedingungslos und in beliebiger Höhe zur freien Verfügung stellte [Ironie aus].

Ich bin dankbar dafür, dass ich durch das »Bundesausbildungsförderungsgesetz« studieren konnte, obwohl meine

Mutter sich für mich kein Studium leisten konnte. Dass ich sogar doch noch eine längere Zeit im Ausland verbringen und ein Auslandssemester in Madrid machen konnte. Das meine ich ganz ehrlich. Aber ich habe auch gemerkt, dass das System nicht fehlerfrei ist, es zum Beispiel nicht mitberechnet, dass die Waschmaschine oder der Computer mal kaputtgehen, Studiengebühren zu zahlen sind und du den Abschluss vielleicht doch nicht in der Regelstudienzeit schaffst. Es bringt dich immer wieder in die Situation, darüber nachzudenken, ob der Abbruch des Studiums nicht die klügere Entscheidung wäre. Es gibt kein Auffangnetz, das dich in den schlechten Monaten rettet, wenn bei der Kommilitonin die Eltern vielleicht noch mal ein Auge zudrücken.

Natürlich tragen Eltern eine maßgebliche Verantwortung für die Erziehung und die Entwicklung ihres Kindes. Aber wir leben in einer Welt, in der unsere Ausbildungs- und Jobchancen sehr stark davon abhängen, wie reich unsere Eltern sind. Der Lebensweg der Eltern bestimmt dadurch fast automatisch, positiv wie negativ, auch den eigenen. Dabei sollte unser gesellschaftliches Ideal doch sein, dass die Fähigkeiten und Interessen einer jeden Person darüber entscheiden, welchen Weg sie geht. Es lässt sich statistisch belegen, dass Akademiker*innen zu einem sehr großen Anteil Kinder von Akademiker*innen sind – laut dem Hochschul-Bildungs-Report 2020 kommen nur 21 % der Studierenden aus nicht-akademischen Haushalten[11] – und dass ihr Lebenseinkommen um ein Vielfaches höher ist als das von Nicht-Akademiker*innen. Ich glaube, wir kommen nicht drum herum, andere politische Lösungen für dieses Problem zu finden. Es ist schlichtweg nicht zu akzeptieren, dass es Armut gibt, und schon gar nicht, dass es Kinderarmut gibt. Und wir immer wieder diese hohle Geschichte erzählen, dass man es nur wollen muss. Wenn wir nicht einsehen, dass es einen wesentlichen Unterschied macht, ob ein Mensch mit der Aussicht auf ein Erbe und reichen Eltern auf die Welt kommt oder eben nicht.

Lange Zeit war meine Definition von »reich«: ein Einkommen, bei dem man nicht auf staatliche Hilfe angewiesen ist, einmal im Jahr Urlaub machen kann und klarkommt. Einen Teil dieser Menschen würde ich heute als »Mittelschicht« bezeichnen, und doch macht es mich wütend, wenn ich sehe, wie sicherlich 90 % der reichen und gut situierten Menschen ihre Situation herunterspielen. Wenn sie verschweigen, wie gut es ihnen geht und wie viele Sicherheiten und Auffangnetze sie haben. Ich verstehe es einfach nicht. Ich würde sagen, dass ich beide Welten kennengelernt habe, und ich würde sagen, dass es unverschämt ist, sich nicht als gut verdienend zu bezeichnen, wenn man ein Einkommen hat, wie ich es habe. Klar, es gibt Millionär*innen und Milliardär*innen, mit denen man sich vergleichen kann, um festzustellen, dass man doch eher »auf kleinem Fuß« lebt. Es ist absurd: Ich weiß, dass ich mit meinem nicht vorhandenen Erbe im Vergleich zu jeder vierten Person in Deutschland lächerlich dastehe. Aber ich kann mit Sicherheit sagen, dass es wesentlich mehr Menschen gibt, die wesentlich weniger Geld haben, als ich es derzeit zur Verfügung habe. Und Menschen, die noch viel mehr haben und fast schon Pickel bekommen, wenn sie aussprechen sollen, dass es ihnen finanziell gut geht.

Parlamentarische Arbeit

2014 machte ich ein Praktikum bei Luise Amtsberg im Deutschen Bundestag. Einige Jahre zuvor war sie eine der Personen gewesen, die mir den letzten Anstoß gaben, der Partei beizutreten. Damals war sie die jüngste Frau im schleswig-holsteinischen Landtag und bearbeitete Themen wie Rechtsextremismus, Migration und Flucht. Ich war ziemlich beeindruckt. Durch die Parteiarbeit waren wir im Austausch. Inzwischen hatte ich noch ein paarmal sofort »Ja« gesagt, die Parteiarbeit machte Spaß und nahm immer mehr meiner Zeit in Anspruch, ich war Vorsitzende der Grünen Jugend in Kiel und der Landesarbeitsgemeinschaft Migration und Flucht gewesen. Dass ich mich für einen Parteieintritt entschieden hatte, fühlte sich immer richtiger an. 2013, kurz vor meinem Auslandssemester, unterstützte Luise mich bei der Kommunalwahl im Kieler Stadtteil Gaarden-Ost, wo ich kandidierte. Es war absehbar, dass wir den Wahlkreis nicht gewinnen würden, aber ich trat dennoch an, machte Wahlkampf und lernte eine Menge. Als ich dann im nächsten Jahr aus Madrid zurückkam, nahm ich mir vor, weitere Erfahrungen im politischen Betrieb zu sammeln.

Bei Luise durfte ich dann direkt im Sommer anfangen und den parlamentarischen Alltag im Bundestag kennenlernen. Ich wollte schon lange mal in Berlin leben, schon allein darüber freute ich mich also. Ein guter Freund, Janek, den ich in Madrid kennengelernt hatte, vermittelte mir ein WG-Zimmer bei seinem Freund Steffen in Moabit. Die Arbeit ging los und ich war schon nach den ersten Tagen völlig fertig: Es passierte so viel gleichzeitig. Das gängige Bild, das man vom Parlament hat, ist, dass im Plenarsaal ein paar Abgeordnete aus jeder Fraktion sitzen, die Ränge aber bei Weitem nicht voll sind. Die Leute regen sich dann darüber auf, dass Abgeordnete mit Rumsitzen und Abwesendsein ganz schön viel Geld verdienen. Dieses Vorurteil hatte ich nach einer Woche vergessen. Ich stellte fest, dass Abgeordnete meist nur zu ihren fachpolitischen Themen und zu Generaldebatten im Plenarsaal erscheinen und sonst im Reichstag unterwegs sind, um Gespräche mit Kolleg*innen, Journalist*innen oder Besucher*innen zu führen. Oder sie sitzen am Schreibtisch, bereiten Termine vor und arbeiten an Reden.

Ich lernte, dass es im Deutschen Bundestag bestimmte Sitzungswochen gibt, in denen die Arbeitsgruppen, Ausschüsse und das Plenum tagen. In diesen Wochen geht es im Reichstag und in den anliegenden Gebäuden, in denen die Abgeordneten und ihre Mitarbeiter*innen ihre Büros haben, besonders hektisch zu. Die sitzungsfreien Wochen sind Wahlkreiswochen: Die Abgeordneten fahren dann »nach Hause« und widmen sich den Fragen vor Ort. Die Anliegen, die die Bürger*innen, Verbände, Unternehmen, Organisationen oder die Partei haben, bestimmen diese Wochen, thematisch reichen sie weit über die Spezialgebiete hinaus, die jede*r Abgeordnete bei der Arbeit im Parlament hat. Und zeitlich sind diese Wochen natürlich auch gut durchgetaktet.

Ich erinnere mich noch gut daran, wie ich an einem Tag alleine und völlig erschöpft im Praktikant*innenbüro saß und mich irgendwann einfach auf den Boden legte, um ein Nickerchen zu machen. Obwohl ich die meiste Zeit gar nicht performen musste, sondern Luise nur zu verschiedenen Terminen begleitete, bei denen sie ununterbrochen Fragen beantworten, kluge Sätze sagen und Dinge verhandeln musste. Ich wusste nicht, wie man dieses Pensum schaffen sollte. Morgens trank ich einen Kaffee, an der Bushaltestelle einen Espresso, im Büro wieder einen Kaffee und dann eine Club Mate, nach dem Mittagessen noch einen Kaffee und zwischendurch wieder Club Mate. Ich war komplett aufgeputscht, aber trotzdem erschlug mich im Lauf der langen und intensiven Tage regelmäßig die Müdigkeit. Dabei fand ich es unglaublich spannend, was alles hinter den Kulissen geschah.

Ich verstand von Tag zu Tag besser, wie parlamentarisches Arbeiten funktioniert. Eine der spannendsten Aufgaben war zum Beispiel, eine Talkshow vorzubereiten, an der Luise teilnahm. Ich suchte Informationen über die anderen Gäste heraus, damit sie wusste, wer mit ihr in der Runde saß. Wir überlegten gemeinsam, welche Themen aufkommen könnten, mit welchen Fragen wir rechnen müssten. Bei der Sendung war ich dann mit einigen anderen aus dem Team im Publikum. Anschließend fragte Luise uns verwundert, warum wir während ihres Auftritts so böse geguckt hätten. Da merkten wir, dass wir selbst so angespannt gewesen waren und diesen Moment so sehr mit-gefühlt hatten, dass wir keine Miene verziehen konnten.

Kurz danach, ich war noch Studentin in Kiel, bot mir Luise einen Job als studentische Hilfskraft an. Ich gab dafür einen Kellner*innenjob auf und war nun Teil ihres Wahlkreisteams in Kiel. Im folgenden Jahr ging eine Kollegin aus dem Berliner Bundestagsbüro in Elternzeit und es wurde eine Vertretung gesucht. Das Ende meines Bachelorstudiums war abzusehen und ich hatte schon angefangen, mich nach Jobs, Traineestellen oder einem Masterstudiengang umzuschauen. Inzwischen war ich mir gar nicht mehr so sicher, ob ich noch immer eine Laufbahn im Auswärtigen Amt anstreben wollte. Ich hatte ein riesen Interesse und vor allem großen Spaß am parlamentarischen Arbeiten. Als Luise mich dann fragte, freute ich mich sehr: Ich sagte sofort »Ja!« und im Mai 2015 zog ich wieder nach Berlin und arbeitete nun Vollzeit im Bundestag. Ich beendete mein Studium parallel aus der Ferne, pendelte für die eine oder andere Prüfung nach Kiel, schrieb abends und am Wochenende Hausarbeiten und meine Abschlussarbeit. Meine Stelle war zwar im Bundestag, ich begleitete Luise aber oft nach Schleswig-Holstein und war die Schnittstelle ihrer beiden Büros. Ich arbeitete als ihre persönliche Referentin und als wissenschaftliche Mitarbeiterin.

2016 gab es dann in Schleswig-Holstein eine Nachwahl im Landesvorstand der Partei, eine Person hörte auf und es brauchte Ersatz. Bislang hatte ich vor allem im Hintergrund mitgearbeitet, aber ich hatte Lust, mehr Verantwortung zu übernehmen. Ich überlegte auch bereits, im Jahr darauf für den Landtag zu kandidieren. Ein solches Parteiamt war eine gute Möglichkeit, um zu schauen, wie es ist, selbst in einer aktiven politischen Rolle zu sein. Und außerdem könnte mich die Partei in einer solchen kennenlernen.

Da ich auch bald meine Bachelorarbeit abgeben würde, pendelte ich nun noch häufiger nach Kiel. Die letzten Wochen vor der Abgabe und der Vorstandswahl verbrachte ich zu Hause bei meiner Mutter und meiner Schwester. Ich denke gerne an diese Zeit zurück, ich fühlte mich wie damals, als ich noch dort gewohnt hatte. Die meisten Tage verbrachte ich mit Medina, sie lernte fürs Abitur, ich saß an meiner Abschlussarbeit. Neben der Arbeit zelebrierten wir unser gemeinsames Hobby: irgendeinen süßen Scheiß essen und uns Fast Food reinziehen. Mittags gab es Milchreis, abends guckten wir etwas an und aßen dabei Snacks und Croissants mit Milchfüllung. Dass meine Mutter das Ganze nicht mitbekam, war dabei fast am wichtigsten. Gleichzeitig sprach ich mit Medina auch viel über meine Zukunftspläne, die immer konkreter wurden. An meiner kleinen Schwester schätze ich bis heute die Fähigkeit, mir in jeder Situation absolut alle Zweifel zu nehmen. Sie spricht dann auf eine so liebevolle und selbstverständliche Art und Weise, dass ich mich im Nachhinein frage, wieso ich je unsicher war. Ich kandidierte und wurde Mitglied des Landesvorstands der Grünen in Schleswig-Holstein.

Das Jahr 2016 war voller Herausforderungen, Ereignisse und Entscheidungen. Ich beendete mein Studium, arbeitete im Deutschen Bundestag, war Beisitzerin im Landesvorstand meiner Partei. Bald würde die Liste für die Landtagswahl 2017 aufgestellt werden. Der Zeitpunkt war gekommen: Würde ich *All in* gehen und versuchen, ein Landtagsmandat zu gewinnen, oder in Berlin bleiben, als Mitarbeiterin von Luise, und einen Master machen? Ich beschloss, Ende des Jahres wieder nach Schleswig-Holstein zu ziehen.

Kurz davor reiste ich mit Joschka nach Kuba. Bald würde in Kiel die Vorbereitung der Landtagswahl beginnen, hier befand ich mich aber plötzlich in einer ganz anderen Umgebung. Während der Zeit auf Kuba machte ich mir Gedanken über das Leben in Deutschland. Ich dachte darüber nach, wie es ist, in einer weißen Mehrheitsgesellschaft Schwarz zu sein, und beobachtete gleichzeitig eine Gesellschaft, die viel durchmischter war als die deutsche. Und während ich diesen Überlegungen nachhing, bemerkte ich, wie die Menschen dort auf mich reagierten. Es war schwierig einzuordnen, ob sie sich mir gegenüber so seltsam verhielten, weil ich eine Schwarze Touristin war oder eine Schwarze Frau, die mit einem weißen Mann unterwegs war. Ich erlebte viel Rassismus und Sexismus.

In dieser Zeit las ich das Buch *Schwarze Haut, weiße Masken* von Frantz Fanon. Fanon wurde in Martinique geboren, nicht weit von Kuba, aber auch heute noch ein Teil Frankreichs. Im Zweiten Weltkrieg überquerte er den Atlantik, um sich in Nordafrika dem Widerstand anzuschließen. Im Ausbildungslager lernte er den Rassismus der Menschen kennen, die gegen die Nazis und ihre Verbündeten in Europa kämpften, aber in ihren eigenen Reihen Menschen nach Herkunft und Hautfarbe beurteilten. Nach dem Krieg kam er als Student nach Frankreich zurück und wurde Mitte der 50er-Jahre Leiter einer Psychiatrischen Klinik in Algerien. In dieser Zeit schrieb er Bücher und stellte Überlegungen zum Rassismus und zu einem Schwarzen Selbstverständnis an. Ich dachte darüber nach, wie rassistische Bilder, die eine Gesellschaft immer weiterträgt – und zwar nicht nur an ihrem rechten Rand –, einen nicht unwesentlichen Beitrag zu dem Unwohlsein leisten, das ich mit so vielen Menschen teile. Dass es genau diese Dinge sind, die mich zum Handeln bringen.

Ich dachte über das Handeln nach, über den Weg, den ich dafür eingeschlagen hatte, aber auch über die Wege, die andere gewählt hatten. Die zum Beispiel Bücher schrieben und so unzähligen Menschen Kraft und damit die Möglichkeit geben, um für sich selbst Wege des Handelns zu finden.

Ich dachte über die sich immer wiederholenden Ereignisse nach, die eine Lähmung bewirken. Sei es nun in den USA – wo Polizist*innen Schwarze erschießen, oder ein Mann mit einer eindeutig rassistischen, misogynen und homophoben Agenda vier Jahre Präsident sein darf – oder viel näher bei uns. Noch im Jahr 2013 haben wir andere Länder in Europa dafür bemitleidet, dass rechtsextreme Parteien Erfolge feierten. In Deutschland, dachten wir, gibt es so etwas nicht und die AfD ist ein Witz, der sich bald schon von selbst erledigen wird. Bis im Jahr 2016 plötzlich keine Wahlberichterstattung mehr ohne den Satz »Die AfD zieht mit starken Ergebnissen ins Parlament ein« auskommt. Während sich die großen Parteien dafür feiern, 20 % gerettet zu haben und von »Erfolgen« sprechen. Während in denselben Wahlen Rechtsextreme zu Abgeordneten werden.

Diese Dinge mitanzusehen, zu merken, wie wenig eine Gesellschaft unternimmt, um ihre eigenen Grundsätze zu schützen, kann einen blockieren. Es sind solche Momente, in denen nur die Gedanken und Worte, die andere Menschen aufgeschrieben haben, ein Anstoß sein können. Wenn man zum Beispiel in Didier Eribons Buch *Rückkehr nach Reims* liest, welche Faktoren in Frankreich eine entscheidende Rolle beim Aufstieg rechtsextremer Politiker*innen gespielt haben. Man liest von der Schwäche der Sozialdemokratie, von der Situation der Arbeiter*innenklasse und davon, wie bestimmte Konflikte sich von Individuen auf ganze Gesellschaften übertragen und unbearbeitet bleiben. Die Arbeit und das Schreiben anderer, die Erkenntnisse anderer, können helfen, aus der Lähmung herauszufinden.

Für mich war die Kubareise ein ganz besonderer Moment. Ich hatte viel Zeit, um darüber nachzudenken, mit welchem Anspruch ich Politik machen möchte. Ob es das Richtige ist, für den Landtag in Schleswig-Holstein zu kandieren. Und ich hatte viel Zeit, um mit Joschka darüber zu sprechen. Bis heute kommt es immer wieder vor, dass eine*r von uns sagt: »Weißt du noch, auf Kuba? Als wir darüber gesprochen haben, wie schön es wäre, für die Sache zu kämpfen. Sich mit so vielen Menschen aus der Schwarzen/ migrantischen/feministischen Community zu vernetzen, und etwas zu verändern.«

Zurück in Kiel wartete Arbeit auf mich. Ich war weiterhin Mitarbeiterin bei Luise und Mitglied des Landesvorstands. Zum ersten Mal war ich in das Erarbeiten eines Wahlprogramms involviert und gleichzeitig rückte der Listenparteitag näher und damit die Entscheidung, ob ich die Chance haben würde, die nächsten fünf Jahre mit einem Mandat Politik zu machen. Denn mein Entschluss, für die Landtagswahl zu kandidieren, stand fest. Viele Male sprach ich auch mit Luise darüber. Über meine Zweifel und über das, was mich antrieb. Sie unterstützte mich, räumte jeden Zweifel beiseite, den andere äußerten oder den ich selbst formulierte. Genauso wie Joschka, meine Familie und Freund*innen. Sie glaubten fest an mich, auch wenn meine Mutter, als ich ihr sagte, dass ich für den Landtag kandidieren würde, ihren Ohren nicht traute. Ich saß bei ihr auf der Couch und erzählte es eher beiläufig.

»Amina, woher hast du das? Dieses Selbstvertrauen und den Mut?«, fragte sie mich.

»Na von dir!«, sagte ich ihr.

Sie lachte und sagte: »Oh nein, ich würde mich niemals auf eine Bühne stellen!«

O.k., den *Outgoing*-Part hatte ich vielleicht eher von meinem Vater, aber das Selbstvertrauen von ihr. Ich war fast verwundert, dass sie sich wunderte. Denn ich nahm schon immer alles, was sie sagte, sehr ernst. Sie behauptet zwar, dass wir nie auf sie hören würden, aber als sie uns Grundwerte und Selbstvertrauen vermittelte, hörte ich sehr genau zu. Sie konnte es wohl nicht glauben, wie sehr ich darauf hörte und wie viel meines Selbstvertrauens ich mir tatsächlich bei ihr abgeschaut hatte. Du siehst, Maman, ich höre zu.

Freiheit

Freiheit.
Viel genutzt.
Wenig gewusst.
Freiheit.
Was bedeutet das für mich?
Fühl mich gefangen in den Ketten, die ich mir selbst erschaffen habe.

Ketten der Freiheit.
Gefangen in den Möglichkeiten, die mir offenstehen.
Die Welt steht mir offen.
Zu offen.

Denn sich zu trauen, zu wagen – verlangt Mut.
Mut, den ich nicht habe.
Beneide die, die einfach losgehen.

Gewählt werden

Am 27. Januar 2017 stand ich auf dem Balkon meiner WG. Am nächsten Tag würden die Grünen ihre Liste für die Landtagswahl in Schleswig-Holstein aufstellen. Mich hat selten so der Mut verlassen wie in diesem Moment. Es war schon sehr spät und eigentlich hätte ich sicher schon schlafen sollen, aber ich war zu nervös. Manchmal frage ich mich, zu welchen Leistungen Menschen wohl fähig wären, wenn sie jeden Tag ausgeschlafen wären und vernünftig gefrühstückt hätten. Dann denke ich, dass es durchaus Menschen gibt, die mit herausfordernden Situationen genau so umgehen: Sie lassen sich nicht stressen und sie lassen sich auch nicht verunsichern. Sie lassen sich einfach auf den Moment ein und liefern. So bin ich nicht und ich habe oft versucht, es mir zu erklären. Etwa damit, dass ich bestimmten Situationen möglicherweise zu viel Bedeutung beimesse.

An diesem Abend war es wieder so. Ich kam mir selbst winzig klein vor. »Was zur Hölle machst du da eigentlich, Amina?«, habe ich mich gefragt. »Das ist eine Nummer zu groß. Du bist 24 Jahre alt. Vielleicht sind die Gründe, die du für so wichtig gehalten hast, nicht wichtig genug. Du bist nicht bereit dafür.« Ich hatte einen richtigen Moment der Verzweiflung. Dann habe ich mir gesagt: »Amina, Barack Obama muss so viele solcher Situationen erlebt haben, bevor er Präsident wurde.« Dieser unfassbar vermessene Vergleich hatte eine unfassbar beruhigende Wirkung auf mich. Er machte mir bewusst, dass in einer Demokratie viele kleinere und größere Schritte gemacht werden müssen, dass aber jeder dieser Schritte das Potenzial hat, andere zu motivieren, es ihnen gleichzutun. Und auch wenn eine Kandidatur für den Landtag in Schleswig-Holstein nicht vergleichbar ist mit einer Präsidentschaftskandidatur in den Vereinigten Staaten, so ist sie trotzdem wichtig.

Am nächsten Morgen rief ich Saka an und sagte ihr, dass mich gestern der Mut verlassen habe. Sie sprach mir gut und ruhig zu, so wie sie es immer getan hatte. Früher, als mein Vater noch da war, hatte sie zu Hause die Rolle der dritten Erwachsenen, obwohl sie noch sehr jung war. Sie übersetzte für meine Eltern Behördenbriefe, regelte gemeinsam mit ihnen Familienangelegenheiten. Als mein Vater ging, war sie für meine Schwestern und mich in vielen Fragen die wichtigste Ansprechperson. Das hat sich bis heute nicht geändert. In den schwächsten Momenten greife ich zum Hörer und rufe sie an. Danach ist die Welt immer ein wenig besser.

Ich würde heute also für einen Listenplatz kandidieren. Ein Platz weit oben auf der Liste ist bei den Grünen in Schleswig-Holstein quasi der einzige Weg zu einem Landtagsmandat: Die Wahlkreise sind fest in der Hand der CDU, einige gehen an die SPD. Etwas anderes war 2017 nicht realistisch. Es geht also um die Zweitstimmen, die darüber entscheiden, wie viele Sitze eine Partei (neben den Direktkandidat*innen, die über die Erststimme gewählt werden) bekommt. Je weiter oben man auf der Liste steht, desto besser stehen die Chancen, auch bei einem schlechten Wahlergebnis noch Abgeordnete*r zu werden. Bei den meisten Parteien steht schon im Vorfeld fest, wer wo auf der Liste steht. Auf den Parteitagen wird dann meist nur noch die Entscheidung der Parteispitze bestätigt. Bei uns stand sehr wenig fest: Nur Monika Heinold, die schon vor einigen Monaten als Spitzenkandidatin nominiert worden war, hatte Platz 1 so gut wie sicher. Über jeden weiteren Platz würde einzeln abgestimmt werden, und auf jeden bewarben sich gleich mehrere Parteifreund*innen.

Ich kann mich kaum an die Hinfahrt erinnern oder an die Momente vor meiner Bewerbungsrede. Vieles davon habe ich entweder verdrängt oder einfach vergessen. Ich habe mir die Rede noch mal auf YouTube angesehen, aber ich kann mich nicht daran erinnern, wie ich oben auf der Bühne stand. Es war alles viel zu surreal. Der gesamte Tag. Was ich aber noch sehr genau weiß, ist, dass der härteste Teil einer solchen Kandidatur erst anfängt, wenn man von der Bühne runtergeht. Dann beginnt nämlich das Zittern: Klappt es beim ersten Wahlgang? Beim zweiten? Oder muss man sich auf den nächsten Listenplatz einstellen?

Mariam und Joschka waren mit mir in der Halle, mit ihnen und mit Kolleg*innen, Freund*innen und meiner Familie hatte ich im Vorfeld darüber beraten, für welchen Listenplatz ich kandidieren sollte. In den Umfragen sah es danach aus, dass wir bei der Landtagswahl zehn Plätze bekommen würden. Wenn wir wieder in die Landesregierung kämen, könnte Monika Heinold wieder ein Ministerium übernehmen und eine Person von der Liste könnte für sie nachrücken. Da jeder ungerade Platz an eine Frau geht und der erste Platz belegt war, kamen die Plätze 3, 5, 7 und 9 infrage, mit einem guten Wahlergebnis auch Platz 11. Ich war die jüngste Kandidatin, war seit fünf Jahren in der Partei und hatte noch kein Mandat. Platz neun wäre perfekt, nicht zu weit vorne, aber doch mit einer realistischen Chance. Einige kandidieren nicht unbedingt zuerst für den Platz, den sie im Blick haben, sondern gehen vorher ins Rennen. So wollte ich es auch machen. Meine Bewerbungsrede würde ich vor der Abstimmung zu Platz 7 halten.

Wenn ich mir die Rede heute anschaue, bin ich zwar von meinem ersten Satz nicht begeistert, aber den Rest würde ich immer noch genau so unterschreiben. Klar, vielleicht wäre es klüger gewesen, eine andere Rede zu halten: Ich hätte nicht deutlich machen müssen, dass ich einen erweiterten, einen intersektionalen Feminismus vertreten möchte. Ich wusste, dass ich damit implizit sage, die bisherigen Bemühungen der Partei reichten mir nicht. Aber es war mir wichtig, dass die Partei weiß, was sie bekommt, wenn sie mich wählt. Und ich wollte selbst wissen, was ich bekomme: ein ehrliches Ergebnis zu dem Angebot, das ich mache. Denn bei der Kandidatur für ein politisches Mandat geht es auch um gegenseitiges Vertrauen. Das Vertrauen der Kandidierenden in die Partei und das Vertrauen der Partei in die Kandidierenden. Der Parteitag ist dafür der ultimative Test. Man kann im Vorfeld ein Gefühl dafür haben, wie die Partei einen sieht, aber ob sie einen wirklich ernst nimmt, weiß man erst hinterher.

Mein erster Satz lautete: »Es ist Zeit zu kämpfen!« Ich war nicht zufrieden mit diesem Einstieg, denn er war nicht echt. Zwar war ich schon davon überzeugt, dass es Zeit war zu kämpfen, aber ich sagte den Satz nicht aus voller Überzeugung und er stammte nicht von mir. Ich war meine Rede mit verschiedenen Menschen durchgegangen und jemand hatte die Idee, so zu beginnen. Reden zu halten ist für mich eine der wichtigsten Aufgaben einer Politikerin. Es ist der Moment, in dem man nahbar wird, weil man Dinge einfach aus sich heraus formulieren kann. Sonst ist man oft in Frage-und-Antwort-Situationen oder in Debatten, in denen man auf Dinge reagiert, statt frei zu sagen, was man persönlich für relevant hält. Die eigenen Gedanken ganz frei aufzuschreiben und die eigenen Überzeugungen in eine Rede zu übersetzen ist etwas Besonderes. Mit dieser Erwartung an einen selbst und die Rede ist es aber eben auch immer eine ziemlich große Herausforderung.

Ich sprach etwa zehn Minuten und verließ die Bühne mit einem guten Gefühl, denn es gab viel Applaus. Ganz offensichtlich bekam ich Zuspruch für die Dinge, die ich gesagt hatte. Meine Parteifreund*innen kannten mich, da ich in den letzten Jahren Parteiarbeit gemacht hatte und Teil des Landesvorstands war. Aber damit war noch nichts gewonnen. Die Konkurrenz bestand aus zwei erfahrenen Landtagsabgeordneten und drei weiteren Frauen, die die Partei schätzte und die in ihren Reden alle ein gutes Angebot machten.

Der Parteitag fand heute und morgen statt, allein heute würde die Sitzung insgesamt zehn Stunden dauern. Knapp vier Stunden waren vergangen, als wir unsere Reden zur Bewerbung um den siebten Listenplatz hielten. Anschließend wurde gewählt und ausgezählt. Bevor das Ergebnis verkündet wurde, begann die Vorstellung der Kandidaten für den achten Listenplatz. Neben meinem guten Freund Lasse traten drei Männer an. Mitten in der Vorstellung dieser Kandidaten wurde das Ergebnis der Wahl zu Platz sieben verkündet: »124 Stimmen, eine ungültige, 123 gültige Stimmen«, also lag das Quorum, die Stimmen, die man brauchte, um gewählt zu sein, bei 62. Mein Herz pochte wie verrückt. Ich ging zwar nicht davon aus, tatsächlich auf Platz sieben zu landen, aber insgeheim dachte ich, dass es nach meiner Rede am meisten Applaus gegeben hatte. Das Präsidium verlas das Ergebnis: Die erste Kandidatin hatte 49 Stimmen, die zweite 11, die dritte 8 und die vierte 11, auf die fünfte entfielen 19 und »... auf Aminata Touré 25 Stimmen«. Niemand hatte die erforderliche Stimmenzahl erreicht, es würde einen weiteren Wahlgang geben. Das Präsidium fragte, wer zum zweiten Wahlgang antritt. Luise flüsterte mir zu: »Das ist gut! Du bist die zweitstärkste Kandidatin. Mach auf jeden Fall weiter!« Das fand ich auch, obwohl ich irgendwie enttäuscht war. Man hofft ja doch immer, am meisten überzeugt zu haben. Es traten nur noch zwei Kandidatinnen an: Marlies Fritzen und ich. Während die Stimmen gezählt wurden, ging es aber erst einmal weiter mit der Vorstellung der Kandidaten für Platz 8.

Ich konnte den Reden kaum folgen. Die Zeit zwischen Wahlgang und Ergebnis ist eine Tortur. Man wartet, ist irgendwie in Gespräche verwickelt, aber man hat keine Ahnung, worüber man redet. Um einen herum stehen Menschen und versuchen, einen zu beruhigen. Man nickt artig, aber man denkt eigentlich nur: »Die Zeit soll schneller vergehen!« Wer in diesem Moment starke Nerven behält, ist entweder richtig abgebrüht oder weiß genau, wie es um die eigenen Chancen steht. Ich konnte meine beim besten Willen nicht einschätzen, also blieb mir nichts anderes übrig, als ins Leere zu starren. Heute würde sich entscheiden, ob es in die eine oder in die andere Richtung weitergehen würde. Es würde keine Welt zusammenbrechen, ich war 24 Jahre alt und mir standen tausend Möglichkeiten offen. Ich konnte mir eine Menge vorstellen: einen Masterabschluss machen, einen anderen Job suchen oder ins Ausland gehen. In diesem Moment wollte ich mir aber nichts anderes vorstellen, schon darüber nachzudenken, hätte sich wie aufgeben angefühlt. Also konzentrierte ich mich darauf, nicht an die Zukunft zu denken.

Lasse sprach, er hielt eine gute Rede und es war ziemlich sicher, dass er die Delegierten davon überzeugt hatte, ihn auf Platz acht zu wählen. Dann verkündete das Präsidium das Ergebnis meines zweiten Wahlgangs. Wieder blieb mein Herz kurz stehen und schlug danach umso heftiger. Ich blendete die Menschen aus, die mir sagten, dass das Ergebnis nun verkündet werden würde, als ob ich das nicht wüsste, und konzentrierte mich, um ja auch alles richtig zu verstehen. »120 abgegebene Stimmen, 119 Stimmen gültig. Eine Neinstimme. 76 Stimmen auf Marlies Fritzen ...« Bevor man den eigenen Namen hört, weiß man, dass es nicht gereicht hat. Marlies Fritzen, die im Landtag umweltpolitische Sprecherin war, hatte nun alle Chancen, es zu bleiben. Obwohl Platz sieben kein besonders realistisches Ziel gewesen war, war ich ein bisschen enttäuscht – auch weil ich mir wünschte, dass das Warten jetzt schon ein Ende hätte. Nun gut. Jetzt wusste ich, dass ich mich auf den neunten Platz vorbereiten musste.

Theoretisch hätte ich auch für Platz 8 kandidieren können, denn die geraden Listenplätze sind nicht fest für Männer vorgesehen, sondern offen – strukturelle Benachteiligung von Männern sind in der Politik eher selten. Aber in der Praxis tat das keine von uns.

Als Mitglied des Landesvorstands war mein offizieller Platz ganz vorne im Saal, aber ich wechselte immer wieder nach hinten, wo Mariam, Joschka und Luise saßen. Seit meiner Rede waren eineinhalb Stunden vergangen, es folgte die Wahl zu Platz 8 und die Vorstellung für Platz 9. Die vier Kandidatinnen, die bereits für Platz 7 angetreten waren, gingen wieder ins Rennen, und nur eine neue Kandidatin hielt ihre Rede. Es folgte also ziemlich schnell der erste Wahlgang.

Nachdem der erste Kandidat für Platz 10 gesprochen hatte, kam das Ergebnis für Platz 9: »Abgegebene Stimmen 121, gültige Stimmen auch 121, das Quorum liegt bei 61 Stimmen ...« Ich rutschte auf meinem Stuhl hin und her und dachte nur: »Red schneller!« Von den gültigen Stimmen entfielen auf die erste Kandidatin sechs, auf die zweite elf und auf die dritte 15 Stimmen, Ines Strehlau hatte 43 Stimmen bekommen und ich 44. Auch hier würden nur zwei Kandidatinnen im zweiten Wahlgang antreten. Wenn man den Wahlumfragen glaubte, war es der letzte »sichere Frauenplatz«.

Weitere Kandidaten für Platz 10 stellten sich vor. Ich wartete auf das Ergebnis, alle warteten auf das Ergebnis. Alle waren angespannt. Es lag eine merkwürdige Stimmung im Raum. Auf der einen Seite war da die neue Kandidatin, die noch kein Mandat innehatte – ich –, auf der anderen die Kandidatin, die bereits im Landtag saß und die die Partei mochte und für ihre gute Arbeit schätzte. Nun war es wieder so weit: »120 abgegebene Stimmen, davon gültig 120 Stimmen und das Quorum liegt bei 61 Stimmen. Auf Ines Strehlau entfielen 58 Stimmen und auf Aminata Touré 56 Stimmen und 6 Neinstimmen.« Es musste ein dritter Wahlgang her. Ich konnte es nicht glauben. Nun lag meine Kollegin mit zwei Stimmen vor mir, aber auch damit war es nicht entschieden. Beim dritten Wahlgang würde nun die einfache Mehrheit reichen, um gewählt zu sein. Nun hing es davon ab, ob sich die sechs Neinstimmen für eine von uns entscheiden würden und ob die anderen bei ihrer Wahl blieben. Eine Hälfte des Saals unterstützte Ines, die andere mich. Spannender hätte es nicht werden können.

Der nächste Kandidat für den Listenplatz 10 stellte sich vor und die Zeit verging wieder nicht. Es kam mir endlos lang vor. Zehn Minuten. Danach, so hofften wir alle, würde das Ergebnis für Platz 9 feststehen. Jemand vom Präsidium erhielt das Ergebnis auf einem Blatt Papier, ich versuchte, aus dem Gesicht zu lesen, wie es ausgegangen war, natürlich erfolglos. Ich stand bei meinen Unterstützer*innen und wir hielten es kaum aus. Am Anfang des Tages waren ihre Gesichter noch freudestrahlend und motiviert gewesen, inzwischen wirkten sie angestrengt. Fast ungläubig. Seit meiner Rede waren dreieinhalb Stunden vergangen. Jetzt war es wieder so weit. Das Ergebnis wurde verkündet. Der dritte Wahlgang. 122 abgegebene Stimmen und davon alle gültig. Auf Ines entfielen 63, auf mich 54 Stimmen.

Ich konnte nicht mehr. Es war nicht einmal so, dass ich nicht mit diesem Ergebnis gerechnet hatte. Wir waren vorher alle Szenarien durchgegangen und hatten beschlossen, dass ich es bis Platz 11 versuchen würde, aber ich wollte nicht mehr. Ich sagte zu Mariam, Joschka und Luise, dass ich nicht mehr kandidieren würde. Ich musste aussteigen, um auch vor mir selbst noch Respekt zu haben. Ich wollte die Aufgabe gerne ausfüllen, aber ich wollte nicht völlig verzweifelt an diese Aufgabe kommen. Alle redeten auf mich ein, ich solle weitermachen. Ich guckte sie einfach nur an und dachte: »Habt ihr das gerade denn nicht mitbekommen? Die Partei will das nicht.« Bevor ich es überhaupt aussprechen konnte, sagte jemand: »Die Hälfte dieses Saales trägt dich seit Stunden mit. Sie wollen, dass du diese Aufgabe erfüllst. Beim nächsten Mal klappt es. Platz elf. Das wird dein Platz sein.« Auf dem Weg zur Toilette, wo ich mal kurz durchatmen wollte, riefen mir Leute zu, ich solle weitermachen.

Eine Parteifreundin nahm mich in den Arm nahm und sagte: »Halt durch. Gleich wird es klappen!«

Ich biss mir auf die Lippen und sagte: »Ich kann nicht mehr.«

Sie sagte: »Mach weiter. Wirklich. Gleich wird es klappen!«

Ich wollte einen kleinen Augenblick für mich sein. Erst wollte ich weinen, aber das konnte ich später immer noch tun. Stattdessen versuchte ich, dem Häufchen Elend, das mir im Spiegel entgegenblickte, Mut zuzusprechen und ein anderes Gesicht aufzusetzen. Ich ging wieder in den Saal, lächelte all denen zu, die mir aufmunternde Zeichen gaben und setzte mich auf meinen Platz.

Es ging weiter, die Abstimmung zu Platz 10, die Bewerberinnen um Platz 11. Zwei neue Kandidatinnen, nun waren es sechs, die sich um Platz 11 bewarben. Eher widerwillig trat ich an. Ich wusste, dass, selbst wenn ich diesen Platz bekäme, die Unsicherheit nicht enden würde: Ich hätte meinen Listenplatz, aber ob der für den Landtag reichen würde, war völlig unklar. Aber darum ging es mir gerade gar nicht: Ich hatte keine Kraft mehr. Es war mein sechster Wahlgang, nach acht Stunden Parteitag und viereinhalb Stunden nachdem ich meine Rede gehalten hatte. Ich hatte noch nichts gegessen und wenig getrunken.

Es folgten wieder Bewerbungsreden, jetzt ging es um den letzten Platz, den wir an diesem Tag wählen würden, Platz 12. Ich stand vor der Halle und bekam nichts davon mit. Ich musste raus und mich ablenken, ich redete mit anderen Menschen. Ich war demotiviert. Das Ergebnis zu Platz 11 war nun da. Ich wurde reingerufen und stellte mich wieder zu meiner Gruppe. Das Ergebnis wurde verkündet: »Erster Wahlgang um den Listenplatz 11. 115 abgegebene Stimmen, eine ungültige Stimme, somit nur 114 Stimmen. Das Quorum liegt bei 58 Stimmen.« Das Präsidium sprach von 45 Stimmen, die auf mich fielen, aber auf der Leinwand stand, dass nur 14 Menschen mich gewählt hatten. Ich war mir nicht sicher, was stimmte. Meine erste Reaktion war: Ich hatte recht gehabt, ich hätte erst gar nicht für Platz 11 kandidieren sollen! Das Präsidium bestätigte, dass das mündlich vorgetragene Ergebnis stimmte und ich 45 Stimmen erhalten hatte. Mein Herz hatte aber schon längst einen Aussetzer gemacht. Ein kurzer Moment der Erleichterung. Aber wieder reichte es nicht ganz. Wir gingen mit vier Kandidatinnen in den zweiten Wahlgang, zwei zogen zurück. Es folgte eine Rede und ein paar Minuten später wurde das Ergebnis für Platz 11 verkündet. »113 abgegebene Stimmen, eine ungültig. Das Quorum liegt bei 57 Stimmen.« Ich erhielt die meisten Stimmen, 52, aber es brauchte einen dritten Wahlgang. Acht Wahlgänge lagen nun hinter mir. Ein letztes Mal, so hofften wir, würden wir nun warten, ob es für mich reichte oder nicht. »116 abgegebene Stimmen und eine ungültige Stimme und fünf Neinstimmen ...« Auf mich entfielen 67 Stimmen. Ich war gewählt!

Eine merkwürdige Mischung aus Freude, Erleichterung, Enttäuschung und Traurigkeit machte sich in mir breit. In diesem Moment umarmte mich niemand, ich blickte in die Gesichter von Mariam, Joschka und Luise. Auf einmal war ich diejenige, die sie aufmuntern und davon überzeugen musste, dass sie alles richtig gemacht hatten. Ich war gewählt. Aber sie waren zu erledigt, um es wahrzunehmen. Sie sahen so erschöpft aus. Es tat mir leid, was ich ihnen angetan hatte, ich umarmte sie nacheinander, dankbar dafür, dass sie da waren und mich den ganzen Tag getragen hatten. Ohne sie hätte ich ziemlich sicher nach dem dritten Wahlgang um Platz 9 aufgegeben.

Jetzt würde der Wahlkampf losgehen. Es blieb keine Zeit, darüber nachzudenken, ob mein elfter Platz tatsächlich für den Landtag reichen würde. Ich hatte mich verpflichtet und ich wusste, dass jetzt der kräftezehrendste, intensivste, auslaugendste und spaßigste, kurz: der entscheidende Teil beginnen würde. Es ging nun darum, einen guten, einen sehr guten Wahlkampf auf die Beine zu stellen, um die nächsten fünf Jahre als Abgeordnete arbeiten zu können.

Wenn ich heute an diesen Tag denke, steigt immer noch mein Puls, aber gleichzeitig hat er so wenig sichtbare Spuren hinterlassen. Bei Google lässt sich höchstens noch das Datum finden. Man könnte meinen, dass es doch nur dieses kleine unbedeutende Ereignis war, auf das ich am Abend zuvor am liebsten einfach verzichtet hätte, aber es war für mich ein ziemlich besonderer Tag. Es sind wohl solche kleinen Dramen, aus denen sich der Alltag zusammensetzt, wenn man sich entscheidet, hauptberuflich Politik zu machen. Damals war ich seit fünf Jahren in einer Partei, heute sind es neun. Dass ich in ziemlich kurzer Zeit viel erreicht hätte, höre ich oft. Der Listenparteitag 2017 ist längst vergessen, für mich ist es der Tag, an dem es so richtig auf der Kippe stand.

Straße oder Parlament

Wisst ihr, was mich wütend macht? Wenn Menschen meine Wut regulieren wollen. Wenn sie mir erzählen, dass es am sinnvollsten wäre, ruhig und gelassen zu beschreiben, was ich in dieser Gesellschaft für ungerecht halte. Dahinter steht die absurde Überzeugung, dass das, was in gesellschaftspolitischen Debatten bislang gefehlt habe, die ruhige und unaufgeregte Formulierung des Problems sei. Das halte ich für völlig falsch. Ich halte Wut sehr oft für sehr berechtigt. In den meisten Fällen fordern diejenigen die Regulierung von Wut, die ein Problem nicht sehen wollen. Dass das Wort »Wut« fällt, reicht ihnen meist, es muss noch nicht einmal gewaltvolle Sprache geschweige denn tatsächliches Handeln damit einhergehen. Das ist fast ironisch, weil das dahinterstehende Problem oft schlimmer und gewaltvoller ist als die Wut, mit der es angesprochen wird.

Seit ich Politik über die Medien verfolge, war ich wütend über das Bild, das von Menschen wie mir gezeichnet wurde. Wir seien nur in Deutschland, um vom Sozialsystem zu profitieren und mehrheitlich kriminell, wir hätten kein Interesse daran, uns in dieser Gesellschaft einzubringen. Ständig las und hörte ich, wie über uns gesprochen wurde und selten, dass jemand einfach mal die Komplexität unserer Situation erklärte. Aus eigener Erfahrung oder zumindest im Gespräch mit Menschen wie mir. Viel zu selten hörte ich etwas von den kriegerischen Auseinandersetzungen in den Ländern, aus denen die Menschen kamen, mit denen ich aufgewachsen bin. Nichts von den komplizierten politischen Bedingungen, unter denen unsere Eltern gelebt haben, nichts über die historischen und wirtschaftlichen Zusammenhänge, die zwischen diesen Realitäten und der europäischen Realität existieren. Nirgends wurde gefragt, vor welchen Herausforderungen Menschen stehen müssen, damit sie Familie und Heimat verlassen und bei dieser Flucht auch noch ihr Leben riskieren. Niemand sprach davon, dass viele Menschen mit akademischen Abschlüssen hier, ohne sich zu beschweren, Jobs machen, für die sich so viele zu schade sind.

Es machte mich wütend, nicht gehört und nicht gesehen zu werden. Es machte mich wütend, dass Politiker*innen sich ein Urteil über Menschen wie mich erlaubten und uns so eindimensional darstellten. Es ist mir klar, dass es die Idee konservativer Politik ist, den Status quo zu erhalten und Veränderung nur in möglichst kleinen Dosen zuzulassen. Das bedeutet eben, dass man die Kritik an gesellschaftlichen Missständen, die zum Beispiel Minderheiten äußern, als »emotional« oder überzogen abtun muss und Lebensrealitäten, wie zum Beispiel die meinen, nicht anerkennen darf. In den letzten Jahren habe ich sehr genau beobachten können, wie diese Mechanismen funktionieren, und wie sich manche Konservative durch eine pauschale Ablehnung progressiver Politik in eine Abwehrhaltung begeben, in der sie nicht mehr in der Lage sind, sich mit tatsächlich bestehenden Problemen auseinanderzusetzen. Die Strategie scheint zu sein, dass man gesellschaftliche Konflikte so lange köcheln lässt, bis es absolut unausweichlich ist, sich mit ihnen auseinanderzusetzen. Dann wartet man noch ein paar Umfragen ab, und wenn wirklich niemand mehr etwas dagegen sagen kann, wird gehandelt. Dieses Prinzip konnten wir in den letzten Jahren an Beispielen wie der »Ehe für alle« oder dem Rassismus in staatlichen Institutionen sehr deutlich beobachten – oft mit der bitteren Pointe, dass es am Ende die Konservativen sind, die sich für fortschrittliche Ideen abfeiern lassen, für die linke Parteien und politische Gruppen viele Jahre gekämpft haben. Oder dass sie vorgeben, etwa beim Rassismus, sich wirklich mit dem Problem auseinanderzusetzen und sogar Maßnahmen vorschlagen, diese dann aber nur halbherzig umsetzen. Man hat also durchaus manchmal den Eindruck, dass sich etwas zum Besseren bewegt, obwohl dahinter oft nur die Angst steht, eine bestimmte gesellschaftliche Stimmung zu verpassen. Was fast immer fehlt, ist eine Idee davon, wie unser Zusammenleben aussehen könnte.

Bei den Liberalen gibt es diese Idee, aber sie erschien mir schon immer sehr kurzgegriffen: Man muss sich nur anstrengen, um den gesellschaftlichen und wirtschaftlichen Aufstieg zu schaffen. Natürlich trägt jeder Mensch eine Eigenverantwortung für sein Handeln. Aber die unzähligen externen Faktoren, die unser Leben beeinflussen, einfach außer Acht zu lassen und auf die Prinzipien Markt und Konkurrenz zu setzen, kommt mir auch heute noch, nachdem ich viele Menschen kennengelernt habe, die in ihrem Leben jeweils sehr unterschiedliche Startbedingungen hatten, nicht besonders logisch vor.

Insofern stellte sich mir nie die Frage, mich bei einer konservativen oder liberalen Partei zu engagieren. Ich bin davon überzeugt, dass wir Ideen, die für wirklich viele Menschen eine Verbesserung bedeuten würden, mit linken Mehrheiten am besten umsetzen können.

Dass wir so selten linke Mehrheiten hinbekommen, hat verschiedene Gründe, aber ganz sicher auch welche, die bei den linken Parteien liegen. Und ich glaube, wir müssen vor allem Folgendes einsehen: Erstens, dass wir – um es in Politiker*innen-Sprache zu sagen – »an Profil verloren« haben. Ich möchte das an zwei Beispielen deutlich machen. Ich erinnere mich daran, dass meine Mutter, seit sie deutsche Staatsbürgerin war, immer aus Überzeugung linke Parteien gewählt hat. Sie sagte, dass linke Politik der Grund dafür sei, dass wir hierbleiben durften. Wenn man sich aber heute die Politik linker Parteien anschaut, kann man nicht behaupten, dass sie sich konsequent für Migrant*innen einsetzt, diese mit ihren Biografien respektiert und sie nicht jedes Mal aus opportunistischen Gründen verrät. Wie viele von uns Menschen mit Migrationsgeschichte hält man in Deutschland aus? Wie viele von uns soll man aufnehmen? Wo ist die Obergrenze? Wie viele von uns soll man abschieben? Wie viele von uns bemühen sich tatsächlich und haben es verdient, hier zu sein?

Genau wie für meine Mutter ist es für viele Menschen

wichtig, dass Parteien sie sehen und sich für ihre Belange einsetzen und dass politische Entscheidungen spürbar das eigene Leben verbessern. Das gilt insbesondere für Menschen, die eine Arbeiter*innenbiografie haben, da diese, je nachdem, wie es mit dem Arbeitsplatz aussieht, stärker von staatlichen Handlungen abhängig sind. Dass es ausgerechnet SPD und Grüne waren, die vor einigen Jahren die krassesten Einschnitte unseres Sozialsystems vollzogen haben, nehmen uns Menschen zu Recht übel. Weil Menschen es seit der Einführung von »Hartz IV« wesentlich schwerer haben, wieder Fuß zu fassen, nachdem sie einen Job verlieren. Weil sie Jobs annehmen müssen, von denen sie nicht leben können, weil damit eine Demütigung einhergeht, ein Verlust an Würde und ein Aberkennen von Lebensleistungen. Dass nun beide Parteien sich klar dagegen positionieren und eine neue Antwort formulieren, weg von »Hartz IV« und hin zu einem gerechteren und menschenwürdigeren System, ist gut. Es wird darauf ankommen, was davon umgesetzt wird, wenn man die Möglichkeit dazu hat.

Zweitens müssen wir einsehen, es ist keine Lösung, zu hoffen, dass wir lediglich durch Regierungsbeteiligungen wieder Leute an uns binden werden. Wir sind so sehr darauf erpicht, dass man uns die Fähigkeit des Regierens zuschreibt, dass wir immer wieder dazu neigen, uns politisch an Konservativen zu orientieren, weil die schließlich seit Jahren an der Macht sind. Dabei sollte es ja darum gehen, einen Unterschied zu machen, zu dem, was vorher stattfand. Keine Verwaltung der bestehenden Verhältnisse, sondern das Formulieren und Umsetzen eigener Ideen.

Natürlich lässt sich nicht alles durchsetzen, es kommt auf die politischen Ebenen und Mehrheiten an. Aber selbst diese Zwänge müssen wir besser erläutern. Mehr und deutlicher als: »So ist das nun mal!« Ich glaube, man kann Menschen mehr Informationen darüber zumuten, weshalb es zu Kompromissen kam. Die werden dadurch nicht populärer, aber manchmal habe ich den Eindruck, dass wir entweder die Kompromisse im Nachhinein als die eigene Position verkaufen wollen oder einfach nicht in der Lage sind, zu erklären, wie sie zustande kamen. Klarzumachen, dass man für mehr gekämpft hat. Ich glaube, dass das Ringen um die bessere Position transparenter gemacht werden könnte. Und dass man sich damit trotzdem, und das ist dann wiederum der entscheidende Punkt, nicht aus der Verantwortung stiehlt und sagt: »Die anderen wollten nicht mitmachen, wir haben damit nichts zu tun!«, sondern dazu steht, nicht mehr erreicht zu haben, aber weiterhin daran arbeitet.

Drittens: Konservative und Liberale regieren gerne (vielleicht mit Ausnahme der FDP in Jamaikakoalitionen auf Bundesebene). Wir sind so gut in unserem Theoriewissen, dass uns das Praxiswissen abhandenkommt, die Fähigkeit, unsere ausgeklügelten Konzepte in Realität umzuwandeln. Gerade Konservative sind aber sehr gut in der Praxis des Regierens und deshalb immer am längeren Hebel der faktischen Entscheidungsmacht und können die Theorien einfach beiseitewischen. Weil sie die Strukturen dominieren.

Das mag total banal klingen, aber ich verstehe nicht, wie man sich als Partei ernsthaft die Frage stellen kann, ob man regieren möchte oder nicht. Man ist in der Politik, weil man etwas verändern möchte. Und das geht am besten in Regierungsverantwortung. Man kann auch in der Opposition Dinge verändern, keine Frage, aber eigentlich macht man doch keinen Wahlkampf, um in die Opposition zu kommen. Für mich fühlt sich das an wie ein Widerspruch in sich. Es kann die Konsequenz aus Wahlergebnis und Sondierungsgesprächen sein. Man hat zu wenig Prozente bekommen oder die Gespräche liefen katastrophal. Dann geht man eben in die Opposition. Aber in der Regierungsverantwortung zu sein ist kein Selbstzweck, sondern die Möglichkeit, ein Land zu gestalten. Debatten darum, ob es besser ist, in der Opposition zu bleiben, finde ich selbstgefällig. Und das bedeutet noch lange nicht, dass man deshalb jeden Kompromiss eingehen muss. Dass man alle Werte verraten sollte. Aber unser Job besteht darin, handlungsfähige Regierungen auf die Beine zu stellen. Wenn man es nicht schafft, ist es wiederum eine unfassbar wichtige Aufgabe, in der Opposition die Regierung herauszufordern, sie zu hinterfragen und zu kritisieren.

Was linkes Regieren bedeutet, habe ich noch kaum mitbekommen. Seit 16 Jahren sind auf Bundesebene immer Konservative in der Regierung gewesen und haben damit den Rahmen maßgeblich bestimmt, in dem wir alle Politik machen. Was linke Vorstellungen von Gesellschaft angeht, ist eine Leere entstanden, sodass selbst Angela Merkels Konservatismus als sozialdemokratisch durchgehen konnte. Wir haben uns nicht getraut, tatsächlich linke Positionen zu vertreten, die es verdient hätten, so genannt zu werden.

Wir schimpfen den ganzen Tag darüber, dass wir unsere Ideen nicht durchsetzen können, weil die politischen Mehrheiten konservativ sind, sowie die staatlichen Strukturen, dabei sind wir es, die unfähig sind, Menschen davon zu überzeugen in diese Strukturen reinzugehen.

Jedenfalls die, die bereit sind, sich überzeugen zu lassen: Denn wenn sich die Menschen, die ein ernsthaftes Interesse daran haben, unser Zusammenleben anders zu gestalten, zu fein sind, in politische Institutionen zu gehen, wird es schwierig. Auch diese Arroganz, auf die ich bei der zivilgesellschaftlichen Linken immer wieder stoße, macht mich wütend.

Selbst wenn man alles für falsch hält, was da abgeht – und ich finde durchaus, dass wir einiges verändern und verbessern müssen – sind es nun einmal die Institutionen, die unser Zusammenleben organisieren. Immer nur von der Seitenlinie zu kommentieren und alle verwerflich zu finden, die es wagen, dort reinzugehen, hilft nicht. Nicht, solange es eine Dringlichkeit gibt und unzählige Menschen jeden Tag von staatlichem Handeln abhängig sind. Schon einmal darüber nachgedacht, dass es leichter wäre, linke Politik zu machen, wenn sich mehr Menschen mit linken Überzeugungen konstruktiv einbringen würden? Wirklich, ich kann es nicht mehr hören: »Amina, ich find es super, was du machst, aber ich könnte NIEMALS in eine Partei gehen, weil keine Partei meinen Überzeugungen entspricht und ich vieles in der Politik falsch finde.« Aus diesen Sätzen, vor allem wenn sie von weißen akademischen Linken gesagt werden, spricht eine Privilegiertheit und eine Arroganz, die ich manchmal schwer ertrage: Weniger unter staatlichen Repressionen zu leiden und sich deshalb leisten zu können, solche Sätze zu formulieren und sich immer auf der richtigen Seite zu fühlen. Weil man nie in die Verlegenheit gekommen ist, sich »schmutzig zu machen«, und bei jedem linken Treffen sagen kann, dass man keine Kompromisse mache. Was natürlich völliger Bullshit ist, weil es keine kompromisslosen Räume gibt und übrigens auch nicht in deinem linken Kollektiv.

Es gibt vielleicht Orte, an denen Leute total *AWARE of EVERYTHING* sind und deshalb meinen, dass gesellschaftliche Konflikte hier keine Rolle spielen, weil man »*NO RACISM*«-Sticker an der Toilette kleben hat und alle zwei Wochen einen super progressiven Film guckt. Es tut mir leid, ich kenne viele solcher Gruppen, in denen gute und wichtige Arbeit gemacht wird, aber auch diese Realität ist nicht frei von Widersprüchen. Und sie wird schon brüchig, während man sich in diesen Räumen befindet und sich an der Bar weiße Linke, am besten mit Dreadlocks, darüber unterhalten, wie offen, progressiv und spendenbasiert hier alles ist und dir, als Schwarzer Person, zeitgleich an der anderen Ecke des Raumes eine weiße Person erklärt, dass Hip-Hop insgesamt problematisch und frauenfeindlich ist – und dabei nicht gelten lässt, dass Schwarzer Hip-Hop für Schwarze Kids und Teenies Identität ist und zumindest irgendein verdammter Raum, in dem man nicht heraussticht und in dem eine Sprache für die Dinge gefunden wird, die man erlebt. Und auf dem Heimweg, wenn man die Straße entlangspaziert, wird man schon wieder von weißen Menschen kritisch beäugt, fünf allein auf dem Weg zur Bushaltestelle, während neben dir eine Person aus dem Kollektiv geht, die noch ganz vertieft ist in ihren super progressiven Film und das Kritische Weißsein und überhaupt nichts bemerkt. Aber ja, klar, ich bin die Verräterin, weil ich nicht innerhalb des kritischen weißen Kollektivs wirke, sondern in politischen Institutionen Kompromisse eingehe.

Versteht mich nicht falsch, solche Gruppen und Kollektive sind wichtig. Es ist wichtig, dass sie Demos organisieren, um Themen sichtbar zu machen und rechtsextreme Kundgebungen zu blockieren, dass sie zu Nazistrukturen recherchieren, wenn die Behörden es nicht tun. Und es ist wichtig, weil sie Räume eines anderen gesellschaftlichen Zusammenlebens schaffen. Aber abgesehen davon, dass auch diese Räume nicht frei von Rassismus, Sexismus oder Klassismus sind, machen sie nur einen Bruchteil der Orte aus, an denen sich unser tägliches Leben abspielt. Weil das Leben auch daraus besteht, im Supermarkt, bei der Arbeit, im Bus, am Bahnhof, in der Schule, bei der Ausbildung, auf dem Arbeitsamt, in der Universität, bei der Polizeikontrolle Realitäten ausgesetzt zu sein, die davon weit entfernt sind.

Ich weiß, dass gesellschaftliche Veränderungen nicht nur von staatlichen Institutionen ausgehen, aber sich dem einfach zu verwehren, hilft nicht. Die staatlichen Strukturen sind voll von konservativen Überzeugungen. Das muss man wissen, wenn man denen, die reingehen, vorwirft, nicht standhaft genug zu sein. Es bleibt keine Zeit, sich dafür zu schade zu sein, in diesen Institutionen zu wirken, während Nazis in allen Parlamenten sitzen. Während Rassismus in unserer Gesellschaft grassiert. Während nach wie vor jede zweite Frau sexualisierte Gewalt erfährt, während es Kinderarmut gibt und dabei noch eine Klimakrise herrscht. Ich könnte mich den ganzen Tag über Konservative oder Liberale aufregen, die eine andere Haltung haben, aber das ist völlig vergebliche Liebesmüh. Ich bin sauer auf euch, die ihr euch nicht hier hineinbegebt. Ich glaube, es wäre so viel leichter, die gesellschaftlichen Utopien, die wir uns überlegen, umzusetzen, wenn mehr von euch hier wären.

Und schließlich möchte ich ganz explizit die Community der BIPOCs ansprechen: Ich habe manchmal den Eindruck, dass viele vor einem Engagement in bestimmten Institutionen zurückschrecken aus Angst, von der eigenen Community als Token bezeichnet zu werden. Aus Angst davor, in den Strukturen, in denen man als gesellschaftliche Minderheit unterrepräsentiert ist, als Aushängeschild benutzt zu werden, ohne etwas an den diskriminierenden Gegebenheiten verändern zu können. Ich kann nachvollziehen, dass man Angst davor hat, dafür herzuhalten und auch keine Lust auf die Diskussion in der eigenen Community. Es ist üblich, dass sich mehr an den Personen als an den Strukturen abgearbeitet wird. Aber *Tokenism* wird man nur dadurch aufbrechen, dass viel mehr von uns an diesen Orten sind und Einzelne überhaupt nicht mehr instrumentalisiert werden können. Natürlich wird es eine Person allein nicht schaffen, Strukturen zu verändern. Mir ist klar, dass es viel Kraft und Resilienz erfordert, sich durch diese Strukturen zu arbeiten. Man kann daran kaputtgehen und nicht alle haben die Möglichkeit, sich darauf einzulassen. Aber deshalb ist es wichtig, sich gegenseitig zu stärken, wenn Einzelne von uns sich da hineinbegeben, damit anderen ihnen nachfolgen und um die Unterstützung und Solidarität wissen.

Es braucht natürlich beides. Die Straße und das Parlament, die Kritik und den Versuch zu handeln. Mag euch nicht überraschen. Es ist wichtig, gegen die unterschiedlichsten Ungerechtigkeiten Druck auszuüben. Auf Twitter, Instagram, Facebook oder in Blogs, in Organisationen und Vereinen, auf Demos, durch Petitionen, durch Musik, durch Filme, durch Kunst. Das alles formt Gesellschaft und führt zu Veränderungen. Aber zu glauben, dass das Ganze funktionieren kann, ohne dass in den staatlichen Institutionen, Parlamenten oder in Regierungen Menschen sitzen, die einen anderen Hintergrund, eine andere Wahrnehmung und andere Überzeugungen haben, halte ich für eine Illusion. Ich bin überzeugt davon, dass es unsere Wut braucht, dass wir sie nicht unterdrücken dürfen bis wir Schaden davontragen. Es muss Wege geben, unsere Wut in etwas Produktives zu verwandeln.

You should be angry. You must not be bitter. Bitterness is like cancer. It eats upon the host. It doesn't do anything to the object of its displeasure. So use that anger. You write it. You paint it. You dance it. You march it. You vote it. You do everything about it. You talk it. Never stop talking it.

Du solltest wütend sein. Du darfst nicht bitter sein. Verbitterung ist wie Krebs. Sie frisst den Wirt auf. Sie tut dem Objekt des Unmuts nichts. Also benutz diese Wut. Schreib sie auf. Mal sie auf. Tanz sie. Demonstrier sie. Wähl sie. Tu alles dagegen. Sprich sie aus. Hör niemals auf, sie auszusprechen.

– *Maya Angelou*[12]

Die Landtagswahl

Auf den Listenparteitag folgten gut drei Monate Wahl-kampf. Lasse und ich bildeten das Spitzenduo der Grünen Jugend und uns stand eine intensive Zeit bevor. Der Wahlkampf war der Beginn unserer Freundschaft, denn eine solche Herausforderung schweißt ganz schön zusam-men. Da wir beide dickköpfige Menschen sind, stritten wir oft, angefangen beim Schneiden unserer Wahlkampfspots: Er war der Meinung, dass sie ausführlicher sein sollten, ich war davon überzeugt, dass die meisten Menschen nach ei-ner Minute abschalten. Wir einigten uns in der Mitte. Bis heute führen wir die gleichen Diskussionen: Seit wir einen gemeinsamen Podcast haben, müssen wir aushandeln, ob die Folgen eher 30 oder 45 Minuten dauern sollen. Aber ab-seits dieser wichtigen Fragen haben wir uns schon damals beim Wahlkampf vorgenommen, uns gegenseitig immer ehrlich zu spiegeln, wie wir unsere politische Arbeit sehen. Die Politik nicht zwischen unsere Freundschaft kommen zu lassen und die Freundschaft unser politisches Urteils-vermögen nicht trüben zu lassen.

Mit Denise und Malte, den Sprecher*innen der Grünen Jugend, planten wir eine Kampagne und wurden dabei von den Mitgliedern unterstützt. Es waren anstrengende Mo-nate, aber ich erinnere mich gerne daran. Wir waren im ganzen Bundesland unterwegs, dachten uns kreative Wahlkampfaktionen aus, führten unzählige Podiumsdiskussionen und wurden zu einem richtigen Team. Obwohl wir kaum professionelle Unterstützung bekamen, hatte man an uns doch die Erwartung, dass wir etwas auf die Beine stellen und viele junge Menschen für die Partei begeistern. Es war eine große Aufgabe, aber gleichzeitig konnten wir uns sagen: Wir geben unser Bestes.

Der 7. Mai 2017, der Tag der Wahl, war dann schneller da als gedacht. Ich hatte morgens schon extrem schlechte Laune, weil ich jetzt nur noch abwarten konnte und kein gutes Gefühl hatte. Und es wurde im Verlauf des Tages nicht besser. Am Vortag hatte ich meinen Wahlkampfendspurt in Neumünster, mit unglaublich großer Unterstützung von Freund*innen und Parteimitgliedern, die aus Berlin, Nordrhein-Westfalen, Niedersachsen und aus ganz Schleswig-Holstein kamen und die Stadt in Beschlag nahmen. Als wir mit dem Zug zurück nach Kiel fuhren, dachte ich: Mehr geht nicht. Jetzt entscheiden die Wähler*innen.

Am nächsten Tag war ich mit Saka im Landeshaus, dem Parlamentsgebäude des Landtags, und erwartete mit den grünen Entscheidungsträger*innen die Ergebnisse. Um 18 Uhr kam die erste offizielle Prognose, dann die zweite, die dritte und es war immer noch nicht klar, ob es für mich reichen würde. Klar war aber schon, dass Daniel Günther und die CDU die Wahl gewonnen hatten. Die Koalition aus der letzten Legislaturperiode, SPD, Grüne und der Südschleswigsche Wählerverband, würde es nicht mehr geben, die SPD hatte zu viele Stimmen verloren. Nun gab es drei Optionen: die sogenannte Jamaikakoalition aus CDU, Grünen und FDP, eine Ampelkoalition aus SPD, Grünen und FDP oder eine Große Koalition aus CDU und SPD. Noch wollte niemand darüber reden, erst mal sollte unser offizielles Ergebnis abgewartet werden. Im Lauf des Abends bewegte es sich in den Hochrechnungen zwischen neun und zehn Mandaten. Wenn wir zehn Mandate hätten und an der neuen Regierung beteiligt wären, würde ich in den Landtag nachrücken, bei neun würde ich mir für die nächsten Jahre etwas anderes überlegen müssen.

Wir fuhren nach Hause in meine WG – Joschka, meine Freundin Sinah aus Berlin und mein Freund Simon aus Bochum. Es muss irgendwann nach ein oder zwei Uhr morgens gewesen sein. Im Treppenhaus fiel mir ein, dass mein Mitbewohner Nick heute von seinem Arbeitswochenende zurückgekommen war, wir aber die ganze Wohnung inklusive seines Zimmers in Beschlag genommen hatten. Ich entschuldigte mich, aber er hatte Verständnis und erkundigte sich, wie die Wahl ausgegangen sei. »Gut für uns«, sagte ich, »aber ob es für mich reicht, ist noch nicht sicher.« Gegen drei Uhr lag ich im Bett, ohne zu wissen, wie es ausgehen würde.

Um 6 Uhr klingelte Simons Wecker. Er schlief auf meiner winzigen Couch und Sinah auf der Luftmatratze, die im Laufe der Nacht die Luft verlor. Ich war eine schlechte Gastgeberin. Ich schrak auf, klickte alle Nachrichten auf dem Sperrbildschirm weg und suchte das vorläufige amtliche Ergebnis. 12,9 Prozent und zehn Mandate. Allah Hamdulillah! Es war geschafft, jetzt hing es nur noch an der Regierungsbildung. Damit war also wieder nur sicher, dass ich auch die nächsten Wochen in der Luft hängen würde.

Wenige Stunden später traf sich die Partei, um die nächsten Schritte zu besprechen. Nun standen Sondierungsgespräche an: Die Parteispitzen diskutieren, ob sie Verhandlungen über eine Koalition aufnehmen wollen. Ein paar Tage später stand fest, dass es zu Verhandlungen über eine sogenannte Jamaikakoalition kommen würde. CDU, FDP und Grüne schickten zwölf Verhandler*innen, ich war eine davon. Neben den Hauptverhandlungsrunden gab es Arbeitsgruppen, in denen verschiedene Ziele für die kommenden fünf Jahre erarbeitet wurden. Konnte man sich in bestimmten Punkten nicht einigen, mussten diese in der Hauptverhandlungsrunde entschieden werden. Es waren harte und sehr lehrreiche Wochen, und es blieb keine Zeit, um darüber nachzudenken, ob es für mich reichen würde oder nicht. Alle waren wie in einem Tunnel. Am Ende des Tunnels stand eine Koalition. Am 6. Juni fand die konstituierende Sitzung des Landtages statt. Drei Wochen später wurden die Minister*innen vereidigt und einen Tag später ich.

Am 29. Juni 2017 wurde ich die erste afrodeutsche Abgeordnete in Schleswig-Holstein. Drei Monate später sprach ich zum ersten Mal im Parlament. Wenn ich heute an diese Rede denke, dann störe ich mich besonders an einem Satz, den ich zu Beginn sagte, und den ich bis heute bereue – schon wieder. Es ging in der Debatte um die Frage des Familiennachzugs für Geflüchtete.

Es bedeutete mir wirklich viel, bei meiner ersten Rede zu diesem Thema zu sprechen. Seit zwei Jahren wurden Menschen, die hier subsidiären Schutz erhielten – die also nicht als Asylbewerber*innen anerkannt waren, denen aber »im Herkunftsland ernsthafter Schaden droht« –, ein Recht vorenthalten, das in Artikel 6 des Grundgesetzes allen Menschen in Deutschland garantiert wird: der Schutz von Ehe und Familie. Als die Regelung zum Familiennachzug ausgesetzt wurde, arbeitete ich noch im Bundestag. Damals argumentierte die Bundesregierung damit, dass nur wenige Menschen betroffen seien. Bald darauf erhielten immer mehr Menschen den subsidiären Schutzstatus und die Zahl der Familien, die auf eine solche Regelung angewiesen waren, wuchs täglich. In den Koalitionsverhandlungen hatten wir Grünen darauf bestanden, dass eine zukünftige Landesregierung sich auf Bundesebene dafür einsetzt, dem ein Ende zu bereiten. Nach wie vor gestalteten sich die Familienzusammenführungen schwierig. Während das Thema in den Jahren 2015 und 2016 viel diskutiert wurde, war es inzwischen in der gesellschaftlichen Wahrnehmung weit nach hinten gerückt. Für die Menschen, die darum kämpften, ihre Familien sehen zu können, war es hingegen jeden Tag aktuell. Ich versuchte in meiner Rede deutlich zu machen, wie das Leben als Asylsuchende ist, da meine Familie und ich es erlebt hatten. Dann kam der Satz, den ich so nie wieder sagen würde und zwar, dass man in diesem Moment ja wohl eindeutig sehen würde, dass meine Familie und ich sehr gut integriert seien.

Jedes Mal, wenn ich mir die Szene noch einmal ansehe, sträubt sich alles in mir. Ich habe es noch sehr genau vor mir, wie ich die Rede schrieb und bei diesem Satz selbst etwas genervt war, ihn aber dennoch drinließ. Ich wollte deutlich machen, dass »wir Migrant*innen« uns anstrengen. Dass wir versuchen, unser Bestes zu geben, und uns dennoch Steine in den Weg gelegt werden. Es war ein weiterer Versuch, die Mehrheitsgesellschaft davon zu überzeugen, dass wir Menschen sind. Heute habe ich diesen Anspruch nicht mehr. Heute setze ich voraus, dass man es weiß.

Politischer Alltag

Die ersten Wochen als Abgeordnete waren eine lange Folge von Herausforderungen. Ich musste mich an die viele Organisationsarbeit gewöhnen, die anfiel, an das unaufhörliche Einarbeiten in neue Themen, die nun fast immer von außen vorgegeben wurden. Man konnte nichts mehr aufschieben oder einteilen – wenn ein Thema dran war, dann musste es bearbeitet werden. Was ich in den letzten Jahren für Luise gemacht hatte, machte ich nun für mich selbst. Und auch außerhalb des Parlaments hatte ich das Gefühl, dass sich durch meine neue Rolle viel veränderte. Ich führte unentwegt Gespräche mit Freund*innen und Bekannten, die mal mehr und mal weniger verstehen konnten, wie man mit linken politischen Überzeugungen in eine Koalition mit CDU und FDP gehen konnte.

Doch nicht nur das musste ich erklären: Von Anfang an wurde ich gefragt, wie der Alltag einer Abgeordneten eigentlich aussieht. Selbst für Menschen, in deren Leben Politik eine große Rolle spielt, die regelmäßig Nachrichten schauen und von früh bis spät unzählige Push-Nachrichten von verschiedenen Apps bekommen, ist die tägliche Arbeit von Abgeordneten nicht so richtig greifbar. Bis vor ein paar Jahren ging es mir genauso. Und das, obwohl politische Entscheidungen unser Leben unmittelbar betreffen. Ich bin mir sicher, dass viele der Vorurteile und Missverständnisse, die über den politischen Betrieb im Umlauf sind, damit zusammenhängen, dass man von vielen Prozessen nur die Ergebnisse mitbekommt. Wenig von den einzelnen Schritten und wenn, dann nur vermittelt über Interviews. Deswegen ist es mir wichtig, möglichst viele Menschen an den Dingen teilhaben zu lassen, die im Parlament und in der Arbeitswoche einer Parlamentarierin passieren.

Während des Wahlkampfs hatte ich angefangen, meine tägliche Arbeit mit meinen Follower*innen auf Instagram zu teilen. Da ich sehr gute Rückmeldungen bekam, beschloss ich, nachdem es mit dem Mandat geklappt hatte, meinen politischen Alltag weiterhin dort abzubilden. Mal mehr, mal weniger. Aber so, dass man einen besseren Eindruck davon bekommt, was unsere Aufgaben eigentlich sind. Außerhalb der sozialen Medien dokumentiere ich auf meiner Homepage Termine, Zeitungsartikel sowie Sendungen und Podcasts, bei denen ich eingeladen bin. Mit dem Podcast »Das nehme ich mal mit« haben Lasse und ich im Sommer 2019 angefangen. Wir haben beide den Anspruch, die Menschen auf unseren Kanälen auf dem Laufenden zu halten, aber wir hatten den Eindruck, dass es noch einmal was anderes wäre, wenn wir uns einmal in der Woche darüber unterhalten, wie wir bestimmte Dinge sehen. Außerdem gehört es heute ja zum guten Ton, einen Podcast zu haben.

Ich glaube fest daran, dass durch solche persönlichen Einblicke unsere Arbeit für viele Menschen nachvollziehbar wird. Je weniger abstrakt diese Welt erscheint, desto kleiner wird die Hemmschwelle und desto eher traut man sich zu, selbst in die Politik zu gehen. So war es jedenfalls bei mir. Wenn Menschen dabei feststellen, dass diese Arbeit aus welchen Gründen auch immer nichts für sie ist, dann hat es auch einen Nutzen. Auch ihnen hilft es, politische Entscheidungen oder Politik insgesamt besser zu verstehen. Und wenn mir Menschen schreiben, dass sie sich durch meine Beiträge mehr mit Politik auseinandersetzen, ist das sowieso eine der schönsten Rückmeldungen, die ich bekomme.

Seit einiger Zeit teile ich immer am Montagmorgen als Instagramstory meinen Plan für die Woche. Das bietet sich an, denn bevor eine Woche losgeht, muss sie sehr genau geplant sein. Und schon bei dieser Planung – das ist vielleicht die erste Information, die ich hier unterbringen kann – wäre ich ohne meine Mitarbeiterinnen aufgeschmissen. Ich stelle immer wieder fest, dass Leute denken, wir Abgeordnete würden die Arbeit alleine machen. Ich verstehe, dass dieser Eindruck entstehen kann, schließlich sind nur wir auf den Wahlplakaten abgebildet – aber es gibt eine ganze Menge Menschen, ohne die ein Parlament nicht funktionieren würde.

Als Landtagsabgeordnete in Schleswig-Holstein hat man ein Budget, von dem man Menschen einstellen kann, die einen bei der Arbeit im Wahlkreis unterstützen. Sie koordinieren Termine vor Ort und bereiten sie auch inhaltlich mit mir vor und nach. Das können Treffen mit Organisationen und Initiativen sein oder Besuche in Schulen, Vereinen oder Unternehmen, deren Interessen ich als Abgeordnete im Landtag vertrete. Meine Wahlkreismitarbeiterinnen unterstützen mich außerdem bei der Pressearbeit, sie laden Beiträge auf die Homepage oder meine Social-Media-Profile hoch, beantworten Anfragen. Und schließlich sind sie auch politische Berater*innen, mit denen ich Entscheidungen durchdenke.

Im Parlament haben wir zusätzlich Mitarbeiter*innen, die die Büroorganisation, die Geschäftsführung und die Sachbearbeitung für die gesamte Fraktion übernehmen, und eine zentrale Pressestelle. Und es gibt wissenschaftliche Mitarbeiter*innen, die jeweils in politischen Fachbereichen wie Innen- oder Migrationspolitik, Umwelt, Finanzen oder Gleichstellung Expert*innen sind und uns beraten und zuarbeiten. Ohne sie und die anderen Mitarbeiter*innen könnte man nur schwer bei allen Themen und Vorgängen die Übersicht behalten. Und seit ich zusätzlich noch Landtagsvizepräsidentin bin, ist noch eine ganze Reihe Aufgaben hinzugekommen. Am Ende sind meine Tage zwar Monate im Voraus durchgeplant, aber es gleicht eigentlich keine Woche der anderen. Für jemanden wie mich, die zwar Strukturen und Regelmäßigkeiten mag, aber von immer gleichen Abläufen schnell gelangweilt ist, ist das perfekt.

Der Montag beginnt immer mit Büroarbeit – im Grunde beginnt jeder Tag damit. Ich checke meine Mails, beantworte Anfragen und reagiere auf alles Mögliche: eine Meinung zu einem politischen Antrag, der gerade für die Plenarwoche vorbereitet wird, eine Freigabe für ein Interview, das ich gegeben habe, und meistens warten auch schon Mitarbeiter*innen oder andere Abgeordnete auf eine Rückmeldung oder eine Einschätzung zu einem Vorschlag. Dann lese ich mich in Themen ein – in der Regel denke ich eh schon zwei Stunden über diese Dinge nach, seit ich beim Frühstücken und unter der Dusche Nachrichten gehört habe.

- Nach der Büroarbeit folgt montags immer das Teammeeting mit meinen Wahlkreismitarbeiterinnen Katrine, Persis und Patricia. Wir machen einen Wochenrückblick und prüfen, was gut und was nicht so gut lief. Wir schauen uns die anstehende Woche an, verteilen Aufgaben, sprechen über Termine, Beiträge oder Reden, die wir gerade vorbereiten. Wir gehen die unzähligen Anfragen durch und überlegen, was davon zu schaffen ist.

- Seit ich Vizepräsidentin und somit Teil des Fraktionsvorstandes bin, folgt dann die Fraktionsvorstandssitzung. Der Vorstand besteht aus der Fraktionsvorsitzenden, der parlamentarischen Geschäftsführerin, dem stellvertretenden Fraktionsvorsitzenden und mir. Außerdem nehmen noch unsere Mitarbeiter*innen aus der Pressestelle und die Fraktionsgeschäftsführerin teil. Wir klären, was in dieser Woche ansteht und welche Fragen gerade aktuell sind, bereiten die Fraktionssitzung vor und auch die sogenannte K-Runde am Dienstagmorgen, bei der die Parlamentarischen Geschäftsführer*innen sowie die Fraktionsvorsitzenden der Koalitionspartner und deren Stellvertreter*innen die Arbeit der Koalition besprechen.

- Danach findet die »Grüne Lage« statt. Daran nehmen der Fraktionsvorstand, die beiden Parteivorsitzenden der Grünen in Schleswig-Holstein, die beiden grünen Minister*innen, sowie Mitarbeiter*innen aus Fraktion und Ministerien teil. Wir besprechen anstehende Entscheidungen, Konflikte und unsere Positionierung als Partei. Die »Grüne Lage« ist wiederum eine Vorbereitungsrunde für die sogenannte Jamaikarunde, die wöchentlich stattfindet. Dabei treffen sich Vertreter*innen aus jeder Partei der Koalition, um Streitfragen zu klären und eine gemeinsame Strategie zu finden.

- Mehrmals im Monat tagt montags dann noch der Parlamentarische Untersuchungsausschuss zur sogenannten Rocker-Affäre, es geht um mögliche Fehler der Landespolizei bei der Aufklärung einer Messerstecherei zwischen Mitgliedern von Motorradclubs im Jahr 2010.

Nach diesen festen Runden mache ich am Nachmittag unterschiedliche Termine im Parlament oder im Wahlkreis oder ich brauche Bürozeit, um Reden vorzubereiten oder Anfragen zu beantworten. So endet der Tag meistens, wie er angefangen hat: mit dem Abarbeiten von Mails und der wichtigsten Nachrichten.

- Am Dienstagmorgen trifft sich der Facharbeitskreis Migration und Innenpolitik. Daran nehmen mein Kollege Burkhard Peters, innenpolitischer Sprecher unserer Fraktion, und unsere Mitarbeiter*innen teil. Je nachdem, was auf der Tagesordnung steht, stoßen auch die Abgeordneten dazu, die für Kommunales, Sport, Landesplanung oder andere Bereiche der Innenpolitik zuständig sind.
- Dann bin ich dienstags in unserer Fraktion dafür zuständig, Besucher*innengruppen (Schüler*innen, Vereine, Studierende, Unternehmen usw.) zu begrüßen und von meiner Arbeit zu berichten und zu diskutieren. (In Coronazeiten finden diese Termine leider nicht mehr statt, aber ich habe oft Zoommeetings mit Schulklassen.)

- Von 14 bis circa 17 Uhr haben wir Fraktionssitzung und besprechen dort alles, was im Parlament ansteht. Dort bekommen wir zum Beispiel mit, woran die anderen Abgeordneten gerade arbeiten. Wir haben zwar unsere fachpolitischen Zuständigkeiten, aber wir sind trotzdem mitverantwortlich für die anderen Themenbereiche, da wir ja im Plenum über alles mitabstimmen.
- Es folgen weitere Termine, in manchen Wochen zum Beispiel ein Treffen der integrationspolitischen Sprecher*innen der Koalition mit dem Staatssekretär aus dem Innenministerium, oder andere Abendtermine.

Mit der Facharbeitskreissitzung am Morgen und der Fraktionssitzung am Nachmittag ist der Dienstag oft der Tag, an dem inhaltlich am meisten passiert. Vor allem, wenn eine Plenarwoche bevorsteht. Wenn wir zum Beispiel mitbekommen, dass eine Oppositionsfraktion im bevorstehenden Plenum einen Antrag (im Gegensatz zu einem Gesetz geht es in Anträgen meist darum, dass der Landtag die Landesregierung auffordert, etwas umzusetzen) etwa zum Thema Migration einbringen will, müssen wir entscheiden, wie wir uns dazu verhalten. Wir können den Antrag annehmen, ablehnen, uns enthalten, ihn zur weiteren Beratung in einen Ausschuss überweisen, oder zum selben Thema einen eigenen Antrag formulieren. Angenommen, ich beschließe, mit meiner Mitarbeiterin Nina einen Alternativantrag zu erarbeiten, dann bespreche ich ihn am Dienstagvormittag im Facharbeitskreis und am Mittwoch mit den Kolleg*innen von CDU und FDP in der Gemeinsamen Arbeitskreissitzung. Sie geben Rückmeldung, machen Ergänzungen oder erklären, warum sie vielleicht gar keinen Alternativantrag stellen wollen. Können wir uns einigen, bringe ich den Antrag am darauffolgenden Dienstag in die Fraktionssitzung. Hier haben meine Kolleg*innen Änderungsvorschläge, die ich wieder mit meinen Kolleg*innen von CDU und FDP verhandeln muss, bevor schließlich im Parlament darüber abgestimmt wird. Komplizierter wird es, wenn CDU- und FDP-Fraktion den Antrag nicht gut finden oder keine Notwendigkeit dafür sehen. Wenn ich davon überzeugt bin, dass ein Alternativantrag dennoch notwendig ist, etwa weil Punkte betroffen sind, die im Koalitionsvertrag festgehalten wurden, muss die Sache auf einer höheren Ebene diskutiert werden. Dann besprechen die Fraktionsvorsitzenden das Anliegen in der K-Runde oder es geht noch eine Ebene höher, in die Jamaika-Runde. Gibt es keine Einigung, haben wir einen Koalitionsstreit. Und der ist dann wiederum am Dienstag Thema in der Fraktionssitzung.

- Meistens habe ich am Mittwoch erst mal Zeit, um ein bisschen länger im Büro zu arbeiten oder andere Termine zu machen. Steht eine Plenarwoche bevor, tagt in der Woche zuvor am Mittwochmorgen der Ältestenrat, an dem ich als stellvertretende Landtagspräsidentin teilnehme. Gemeinsam mit den beiden anderen Stellvertreterinnen, dem Landtagspräsidenten, den Fraktionsvorsitzenden und der Landtagsverwaltung organisieren wir die anstehende Woche. Wir besprechen zum Beispiel, welche Tagesordnungspunkte es gibt und wann sie jeweils angesetzt werden sollen. Der Zeitpunkt entscheidet zwar nicht unbedingt über den Ausgang einer

Debatte, aber durchaus über die Außenwirkung, weshalb es schon in den Planungssitzungen zu intensiven Diskussionen kommen kann.

- Dann findet unsere Gemeinsame Arbeitskreissitzung zur Innenpolitik statt. Unsere Punkte haben wir am Dienstag im Facharbeitskreis der Fraktion vorbereitet, nun treffen wir die zuständigen Abgeordneten aus den anderen Fraktionen der Koalition sowie den Justizminister, die Innenministerin und/oder die Staatssekretär*innen.
- Im Anschluss tagt der Innen- und Rechtsausschuss, dort sind alle Fraktionen des Landtags vertreten und fassen gemeinsam Beschlüsse.

Diese Ausschüsse sind die wichtigste Instanz, die ein neues Gesetz nehmen muss: Wenn zum Beispiel das Parlament ein Gesetz im Bereich Integration einbringen möchte (auch die Regierung oder eine Bürgerinitiative können Gesetze vorschlagen), gibt es erst einmal einen Entwurf, der zwischen den Fraktionen von CDU, Grünen und FDP abgesprochen wird. Anschließend wird er in einer sogenannten ersten Lesung im Landtagsplenum diskutiert, bevor im Ausschuss darüber beraten wird, was mit ihm passieren soll. In der Regel gibt es erst einmal eine schriftliche Anhörung: Die Fraktionen schlagen Expert*innen vor, die zum Entwurf Stellung nehmen. Das können Vertreter*innen eines Migrationsverbands sein, einer Selbstvertretungsorganisation, oder auch etwa Jurist*innen. Liegen alle Einschätzungen vor, folgt meistens eine mündliche Anhörung. Die Abgeordneten befragen die Expert*innen, bilden sich eine Meinung und machen gegebenenfalls weitere Änderungsvorschläge. Nachdem die Fraktionen dann über den finalen Entwurf beraten haben, wird in der zweiten Lesung im Landtag darüber abgestimmt und das Gesetz kann in Kraft treten.

Der Donnerstag sah in meinen ersten Jahren im Parlament eigentlich genauso aus wie der Mittwoch, nur, dass anstelle der innenpolitischen die sozialpolitischen Themen im Mittelpunkt standen. Inzwischen haben wir es in der Fraktion ein bisschen umstrukturiert, sodass ich nun nur noch zur Gemeinsamen Arbeitskreissitzung Soziales komme, wenn dort die gleichstellungspolitischen Themen diskutiert werden. Während der Plenarwochen treffe ich außerdem einmal im Monat die frauenpolitischen Sprecherinnen aller Fraktionen. So habe ich am Donnerstag mehr Zeit, um außerhalb des Parlaments unterwegs zu sein. Die parlamentarische Arbeit hat natürlich Priorität, aber manche Probleme lassen sich eben nicht vom Büro aus lösen. Donnerstags und freitags finde ich meistens Zeit, es zu versuchen – und auch für die Schreibtischarbeit, die vom Anfang der Woche liegen geblieben ist.

Am Wochenende oder unter der Woche abends findet auch der größte Teil der Parteiarbeit statt. Mit der Partei steht man ständig im Austausch, schließlich war sie es, die einen ins Parlament geschickt hat. Und bei Lasse und mir war zudem die Grüne Jugend nicht ganz unbeteiligt. Wir machen also gemeinsame Veranstaltungen und haben Arbeitsgruppen, bei denen die aktuellen Entwicklungen besprochen werden. Und dann gibt es natürlich die Parteitage auf Landes- sowie Bundesebene, Mitgliederversammlungen in unseren Wahlkreisen und Parteitermine in anderen Städten.

Auch in meiner Funktion als Vizepräsidentin des Landtags bin ich an den Wochenenden oft im Bundesland unterwegs, dann vertrete ich den Landtagspräsidenten bei allen möglichen Terminen. Wir repräsentieren das Parlament »nach innen und außen«, also zum Beispiel bei Staatsbesuchen oder bei Vereinen, die sich wünschen, dass ein*e Vertreter*in des Landtags eine Veranstaltung eröffnet.

Seit ich Vizepräsidentin bin, hat sich die Zahl der Anfragen noch einmal erhöht und ich werde auch außerhalb Schleswig-Holsteins zu Veranstaltungen, Podcasts oder Presseterminen eingeladen. Das freut mich natürlich – aber gewählt bin ich nun mal, um in Schleswig-Holstein im Parlament zu arbeiten, deswegen müssen manche Anfragen dann eben abgesagt werden. Insbesondere, wenn einmal im Monat von Mittwoch bis Freitag Plenarwoche ist. Das ist jedes Mal ein besonderer Moment, weil dann die Themen zum Abschluss kommen, die wir in den Wochen zuvor diskutiert und vorbereitet haben. In der Plenarwoche leite ich abwechselnd mit dem Landtagspräsidenten und den anderen zwei Vizepräsidentinnen die Sitzungen. Wir sind dann für den geordneten Ablauf verantwortlich, dafür, dass die Redezeit eingehalten wird, dass Debatten zwar lebhaft, aber nicht chaotisch und laut ablaufen.

In der Plenarwoche kommen alle politischen Entscheidungsträger*innen Schleswig-Holsteins zusammen und man kann viele Dinge in direkten Gesprächen klären. Hier wird entschieden, was im Bundesland politisch passiert. Aber obwohl das eigentlich unsere Hauptaufgabe ist, macht die Plenarwoche zeitlich gesehen nur einen Bruchteil unserer Arbeit aus. Die Wochen dazwischen, in denen die Anträge ausgearbeitet werden, erfordern ebenfalls Konzentration. Genauso wie die vielen Dinge, die vor und nach den festen Terminen stattfinden: Das Beantworten von Mails, Telefonate, Social-Media-Arbeit und das Verfolgen der Presse, Gespräche auf den Fluren und Verhandlungen hinter verschlossenen Türen.

Die meisten Abläufe sind in der Coronazeit genau gleich geblieben. Der einzige Unterschied ist, dass die Termine fast alle digital stattfinden. Und dass sie dichter aufeinanderfolgen, weil keine Anfahrtswege berücksichtigt werden müssen. Die echten Begegnungen fehlen natürlich auch hier, vor allem mit den Menschen, die wir im Parlament vertreten. Gerade zu Beginn der Pandemie kamen unzählige Fragen und Sorgen an, insbesondere von den Menschen aus unseren Wahlkreisen oder aus den Bereichen, für die man fachpolitisch zuständig ist, bei mir also zum Beispiel Migrations- und Frauenverbände. Man versucht dann, gemeinsam Lösungen zu finden und trägt die Punkte weiter in die Sitzungen.

Wenn ich hier aufschreibe, wie so eine normale Woche aussieht, muss ich an mein erstes Praktikum im Bundestag denken. Anscheinend hat es wirklich mit Übung und Gewöhnung zu tun, dass man das alles schon nach ein paar

Jahren ganz selbstverständlich hinter sich bringt. Und mit der inhaltlichen Seite: Der nächste Antrag ist immer der wichtigste, und auch noch die langwierigste und schwierigste Sitzung ist politisch zu irgendetwas gut. Insofern ist es eben ein Privileg, ein solches Mandat zu haben, denn viele Menschen arbeiten hart und viel und nicht alle Jobs machen es einem so einfach, sich mit der täglichen Arbeit zu identifizieren.

Die anstrengenden Seiten

Ich glaube, viele denken, dass die Arbeit in der Politik nur dazu führen kann, dass man kompromissbereiter und weicher wird. Dass man seine Ideale verrät und den Anspruch verliert, mit dem man mal angefangen hat. Ich habe aber auch beobachtet, dass der andauernde Austausch und die Auseinandersetzungen einen eher noch mehr von den eigenen Meinungen überzeugen können. Indem man sie so oft erklären und reflektieren muss, verfestigen sie sich. Aber gleichzeitig lernt man wohl, die Grenzen von politischer Wirkmacht besser einzuschätzen.

Doch ich bemerke auch Momente des Abstumpfens durch den politischen Alltag. Ich meine damit gar nicht die politischen Entscheidungen, die ich mit zu treffen habe, sondern den Umgang und auch den Ton, der zuweilen herrscht. Am Anfang habe ich mich oft an der Aggressivität in Verhandlungssituationen gestört, inzwischen ignoriere ich es, wenn bestimmte Charaktere sich in Runden aufplustern, wenn sie ihren Willen durchsetzen wollen, ungeachtet dessen, ob sie recht haben oder nicht. Ich habe mich lange Zeit über Menschen aufgeregt, die sich mit ihrem Vorsprung in Sachen Alter und Erfahrungen aufspielen wie Erziehungsberechtigte. Ich habe nämlich auch Menschen kennengelernt, die einen wertschätzend und respektvoll an ihren Erfahrungen teilhaben lassen und als ebenbürtig behandeln, obwohl sie wesentlich älter sind. Ich musste lernen, gelassener an den politischen Alltag heranzugehen, weil es einen nur müde und noch wütender macht, wenn man sich über die kleinen Sticheleien zu viele Gedanken macht. Ich frage mich oft, ob der Politikbetrieb besonders toxisch ist oder ob Menschen sich einfach in allen Kontexten so verhalten, sobald Macht im Spiel ist. Vielleicht ist der einzige Unterschied, dass die Konflikte in der Politik vor den Augen der Öffentlichkeit stattfinden und für alle sichtbar kommentiert werden.

Ein solcher Moment war für mich kurz vor meiner Wahl zur Vizepräsidentin. Während ich auf dem Weg nach Oslo war, erschien in einer Regionalzeitung ein Artikel zur bevorstehenden Wahl, angereichert mit allen möglichen Spekulationen über die Grünen im Bundesland und darüber, wer wem in den nächsten Jahren welche Posten streitig machen würde, und auch ich wurde genannt. Ich kam in dem Artikel nicht zu Wort und hatte mich auch nicht an irgendwelchen Spekulationen beteiligt, dennoch war klar, dass alle Landtagsabgeordneten, also alle, die mich vier Tage später wählen sollten, den Text gelesen hatten und nun möglicherweise der Meinung waren, ich sähe mich sonstwo. Ich verbrachte den gesamten Tag auf der Fähre mit Klärungsgesprächen am Telefon. Ich dachte, die Aufregung sei danach vorbei, aber es ging erst richtig los. Eigentlich war geplant, dass ich auch selbst ein Interview zu der anstehenden Wahl geben sollte. Zwei Jahre zuvor hatte mich die Partei mit Ach und Krach auf den letzten halb aussichtsreichen Listenplatz gewählt, nun sollte ich plötzlich

Fragen zu irgendwelchen Spitzenkandidaturen beantworten. Ich sagte sinngemäß, dass ich mich nicht an solchen Überlegungen beteiligen möchte, dass niemand wisse, welche Situation wir in drei Jahren haben würden und dass diese Themen uns gerade nur von einer Sache abhalten: von der inhaltlichen Arbeit. Aber ich erklärte auch, dass ich wisse, was ich kann. Ich weiß, welche Energie, Überzeugung und welches Herzblut ich in meine Arbeit stecke. Denn entgegen der weitläufigen Meinung, ich sei halt einfach »eine spannende Person« und das sei der Grund für das öffentliche Interesse an mir, weiß ich, dass all das nicht funktionieren würde, wenn ich mich nicht dafür ins Zeug legte.

Mich ärgerte das ganze Gerede, denn dahinter steckte die Vermutung, ich hätte mich selbst ins Gespräch gebracht. Während ich mir in dem Moment vor allem Sorgen darüber machte, ob ich überhaupt zur Vizepräsidentin gewählt werden würde und nicht darüber, was wohl in drei Jahren sein könnte.

Ich glaube, dass eine Menge Menschen bereit dafür sind, Politiker*innen wie mich auch in hohen Positionen zu sehen. Aber bei Menschen aus unterrepräsentierten Gruppen, die sich in diese Strukturen begeben, bleibt wahrscheinlich immer noch dieses Restgefühl, der leise Zweifel: »Bin ich wirklich akzeptiert?« Es bleibt eine Mehrbelastung, weil sie stetig auf die Merkmale reduziert werden, die an ihnen »anders« sind. Sie werden sich mit den Widerständen auseinandersetzen müssen, die zu überwinden sind, und mit extrem vielen Hassnachrichten und Morddrohungen, die sie erhalten werden. Da kann man nun sagen: »Dann erst recht!« Und viele tun das auch. Aber wir dürfen nicht unterschätzen, dass viele Menschen gerade deshalb bestimmte Wege nicht gehen wollen. Oder dass sie zum Umkehren gezwungen werden. Es ist an uns, diesen Menschen nicht zu sagen »Ey, komm, mach es einfach!«, sondern gemeinsam mit ihnen für eine Gesellschaft zu streiten, in der nicht Einzelne diesen Mehraufwand betreiben müssen.

Denn während man mit der Presse einen guten Umgang finden kann, gibt es Mechanismen der Öffentlichkeit, gegen die nur Blocken funktioniert: Beleidigungen, Drohungen und andere eklige und menschenverachtende Texte, die man geschickt bekommt. Ich habe am Anfang nicht so gerne davon erzählt, weil ich dachte, das könnte ein weiterer Grund sein, um gerade junge Frauen davon abzuhalten in die Politik zu gehen. Aber Erstens kennen es die meisten Menschen eh, im Netz beleidigt zu werden, weil man seine Meinung sagt und eine Frau ist. Und zweitens ist es nicht ehrlich, so zu tun, als wäre nicht auch das Teil der Arbeit.

Mit der Zeit habe ich gelernt, was zu tun ist. Nicht alles lesen, meine Mitarbeiter*innen bitten, Kommentare zu löschen oder User*innen zu blockieren. Es ist ein Privileg, diese Möglichkeiten zu haben. Mittlerweile bringe ich fast alles zur Anzeige, denn ich glaube, es ist wichtig zu wissen, dass man sich nicht mit dem Hass abfinden muss. Man kann sich etwa Unterstützung holen bei Melde- und Beratungsstellen, etwa »Hate Aid« oder »Hass im Netz«. Aber politisch gesehen ist es klar, dass die Verantwortung nicht bei solchen – oft spendenfinanzierten – Organisationen abgeladen werden darf. Denn auch diese Angriffe sind letztlich Teil einer systematischen Ausgrenzung von Frauen und Minderheiten und damit ein Problem, das politisch angegangen werden muss.

Freiheit von Hass

Ihr habt uns beigebracht,
unser Haar und unsere Haut zu hassen,
je dunkler sie sind.
Ihr habt uns beigebracht,
dass wir keine Geschichte,
keine Kultur haben.
Dass wir nichts sind.

In dem Moment, in dem wir aufhören uns zu hassen,
verändert sich etwas.
Wir emanzipieren uns von all dem Hass.
Etwas verändert sich in uns
und ihr erzählt uns,
wir sollen nicht übertreiben,
zu viel fordern,
zu viel verlangen.

Wisst ihr, vor wem ich am meisten Angst habe?

Abgesehen von denen, die uns tot sehen oder nicht hier haben wollen?

Ich habe Angst vor denen, die nicht sehen.

Nicht hinsehen wollen.

Vor denjenigen, die Solidarität heucheln, aber nichts fühlen.

Was ich will, ist so wenig.

Fühlen, was ihr jeden Tag fühlen könnt.

Freiheit von Hass.

Herausforderungen

Ich bekomme immer wieder gesagt, dass ich nicht wie eine Politikerin wirke. Manchmal kann ich mich darüber freuen, da die Menschen, die es sagen, damit Anerkennung für meine Arbeit ausdrücken wollen. Es ist als Kompliment gemeint, aber als Kompliment funktioniert es nur, wenn diese Menschen eine negative Auffassung von Politik und Politiker*innen haben. Ein Kompliment ist es nur, wenn man weiß, dass sie eher schlechte Erfahrungen mit Politiker*innen gemacht haben. Wenn ich mich nicht darüber freue, dann, weil es ein Problem ist, dass so viele Menschen kein Vertrauen in Volksvertreter*innen haben. Das hat verschiedene Gründe, CDU/CSU-Abgeordnete, die sich während der Pandemie mit Maskendeals eine goldene Nase verdienen, tragen bestimmt dazu bei – aber es betrifft auch die Frage, wie wir es nachvollziehbar machen, weshalb wir bestimmte politische Entscheidungen treffen. Ich glaube außerdem, dass es unheimlich wichtig ist, dass wir verständlicher machen, wie und warum wir zu unseren Überzeugungen kommen.

Etwas neu und anders zu machen, ist nie leicht. Wenn man den Anspruch hat, anders Politik zu machen, muss man davon überzeugt sein, dass das, was man tut, richtig ist. Und das bedeutet nicht, dass das, was die anderen tun und getan haben, falsch ist und war. Es gibt unzählig viele

Menschen, die ihren Job sehr gut machen und von denen man eine Menge lernt. Ich bin nicht mit der Überzeugung in die Politik gegangen, alles besser zu wissen. Es ging mir aber durchaus darum, andere Themen in den Mittelpunkt der politischen Auseinandersetzung zu tragen.

Es kommt vor, dass man sich fragt, wie nachhaltig und wirksam die Prozesse sind, die man anstößt. Aber auch beim Umgang mit diesen Zweifeln gibt es Menschen, an denen man sich orientieren kann. Die jüngste Kongressabgeordnete der US-amerikanischen Geschichte, Alexandria Ocasio-Cortez, sagt: »At least I am trying!« – zumindest versuche ich es. Ich finde, es gibt keine ermutigendere Aussage. Nicht für sich in Anspruch nehmen, alles richtig zu machen, aber den Anspruch haben, es zu versuchen. Die Möglichkeit, dass man mal scheitert, ist mit einkalkuliert. Wenn etwas nicht gelingt, besteht also keine Notwendigkeit, es zu vertuschen oder mit aller Macht (und Politiker*innen haben Macht) zu einem Erfolg auf ganzer Linie zu erklären.

Politik zu machen bedeutet nicht, widerspruchsfrei zu sein. Man geht ganz selbstverständlich mit der Vorstellung rein, dass man Dinge verändern kann und wird. Aber Politik macht man nicht in einem luftleeren Raum, sondern in einem Feld, das durch Regeln, Gesetze, bestehende Diskurse und Mehrheitsverhältnisse abgesteckt ist. Bei allem Änderungswillen erfordert dies das Abwägen, das Suchen nach Kompromissen und das Wissen darum, was auf welcher Ebene zu realisieren ist.

Ich bin in den Landtag gegangen, um eine andere Flüchtlingspolitik zu machen, eine Politik, die zum Beispiel von meinen eigenen Erfahrungen profitiert. Wenn ich eine politische Entscheidung treffe, mache ich mir darüber Gedanken, was sie für meine Familie und mich bedeutet hätte. Natürlich ist das nicht meine einzige Entscheidungsgrundlage, ich bin ja auch ständig im Austausch mit Organisationen, Vereinen, Betroffenen, Expert*innen und so weiter. Dennoch finde ich die eigene Erfahrung nicht irrelevant – einige mögen es für zu emotional halten, ich halte es für genau das richtige Maß an Empathie. Und welche Politiker*innen treffen Entscheidungen wirklich ohne den Einfluss persönlicher Erfahrungen?

Wir handeln stellvertretend für die Menschen eines ganzen Bundeslandes oder eines ganzen Landes. Aber nicht jede Bevölkerungsgruppe hat die gleiche Macht, um ihre Interessen durchzusetzen, nicht jede wird gehört. Aus unterschiedlichen Gründen: Im Fall geflüchteter Menschen etwa, weil sie kein Wahlrecht haben, weil sie keine deutschen Staatsbürger*innen sind oder weil sie innerhalb der Gesellschaft nur eine kleine Gruppe bilden. Zugleich aber eine Gruppe, die oft ganz unmittelbar von politischen Entscheidungen abhängig ist. Entscheidungen, die wiederum in aller Regel von Menschen getroffen werden, die selbst nie in einer solchen Situation waren oder sein werden. Das merkt man schon an der Art und Weise, wie über uns gesprochen wird. Es ist schlicht nicht vorstellbar, dass sich ein Bundesinnenminister über die Schicksale großer Bevölkerungsgruppen lustig macht. Dass er sich an seinem Geburtstag über Abschiebungen nach Afghanistan freut, bringt ihm höchstens hier und da ein bisschen Kritik ein.

Die Folge davon ist etwa, dass es Politiker*innen gibt, die Flüchtlinge und Migrant*innen ohne Weiteres in einen Zusammenhang mit Kriminalität bringen, wenn es ihren Zielen dient und ihr Handeln rechtfertigt. Je öfter man Flucht und Kriminalität in einem Satz hört oder liest, desto legitimer scheint es, für härtere Abschieberegelungen zu sein. Desto akzeptabler erscheint der Vorschlag, Abschiebehäftlinge auch in Gefängnissen unterzubringen, die nicht den erforderlichen Standards genügen. Oder man kann guten Gewissens Hilfe unterlassen, wo Menschen auf der Flucht sterben oder in menschenunwürdigen Camps leben. Der Gewinn ist die Zufriedenheit von Wähler*innen, die rassistische Politik mittragen und gutheißen.

Im Gegensatz zur Bildungspolitik, die gerne als »Ländersache« bezeichnet wird, wird Flüchtlingspolitik auf Bundesebene gemacht. Auf Landesebene geht es im Wesentlichen darum, die Gesetze zu vollziehen, die im Bundestag beschlossen werden, und um die Integration von Geflüchteten. 2015, während in der Gesellschaft der Begriff »Willkommenskultur« geprägt wurde, unzählige Menschen sich engagierten und die Ankommenden an den Bahnhöfen begrüßten, verfolgte die Koalition aus SPD und CDU/CSU in Berlin bald wieder den politischen Kurs, Menschen davon abzuhalten, nach Deutschland zu kommen. Seither sank die Zahl der Menschen, die es nach Europa schafften, während auf der ganzen Welt Konflikte bestehen oder neu entstehen. Durch Maßnahmen wie dem Deal der EU mit der Türkei hatte man den Eindruck vermittelt, dass das Gröbste überwunden und alles wieder in Ordnung sei. Dass das nicht stimmt, dürfte uns allen klar sein. Von der Zeit um 2015 redet man heute wie von einem Ereignis oder einer Phase, in der etwas Außergewöhnliches passierte. Seitdem ist scheinbar wieder alles so, wie wir es kannten – Konflikte im Fernen haben mit uns nichts zu tun und wir haben uns so gut abgeschottet, dass wir es nicht mehr bemerken.

In den Koalitionsverhandlungen 2017 in Schleswig-Holstein zeichnete sich schon früh ab, dass ein großer Streitpunkt die Errichtung einer neuen gemeinsamen Abschiebehafteinrichtung mit Hamburg und Mecklenburg-Vorpommern sein würde. Seit 2013 hatte Schleswig-Holstein keine eigene Einrichtung. Die alte wurde geschlossen, weil sie den Vorschriften der EU nicht genügte. Wir Grünen regierten damals in einer Koalition mit der SPD und dem SSW und feierten das als politischen Erfolg. Abschiebungen von Menschen aus Schleswig-Holstein fanden wie im Bundesgesetz vorgesehen weiterhin statt, aber eben über andere Bundesländer. Als wir uns nach der nächsten Landtagswahl darauf einließen, eine neue Einrichtung bauen zu lassen, kam die Kritik vonseiten der SPD – obwohl sie zugestimmt hatten, als die Regierung und alle Ministerpräsident*innen die Erhöhung der Zahl an Abschiebehaftplätzen beschlossen. Anstatt die Praxis als solche infrage zu stellen, sprach man sich dafür aus, es einfach woanders stattfinden zu lassen.

Wir haben als Partei die klare Haltung, dass wir Abschiebehafteinrichtungen falsch finden. Und für mich ist es ohnehin ein besonderes Thema. Ich habe in den letzten Jahren unzählige Interviews dazu gegeben und wurde immer wieder gefragt, warum ich das mittrage. Die Fragen sind völlig berechtigt, man muss es erklären. Nicht nur für das eigene Gewissen, sondern um die Zusammenhänge von politischen Ebenen und Entscheidungen deutlich zu machen. Als das Thema aufkam, hatte ich mir die Frage gestellt, ob man die Inhaftierungen verhindern könnte, indem man den Bau der Einrichtung verhindern würde. Ob das ein Weg wäre, um einen von der Bundeskanzlerin mit den 16 Ministerpräsident*innen gefällten Beschluss rückgängig zu machen. Die Antwort war ziemlich klar: nein. Menschen würden nach wie vor in andere Abschiebehafteinrichtungen kommen. Man müsste ein Bundesgesetz verändern, denn in Artikel 31 der Verfassung steht schließlich, dass Landesrecht sich immer dem Bundesrecht unterordnet. Man kann sich denken, dass es mir nicht leichtgefallen ist, aber mir war schnell klar, dass ich an dieser Stelle nichts würde ausrichten können, selbst wenn wir die Koalitionsverhandlungen platzen ließen. Ich habe mich aber gefragt, was ich stattdessen tun könnte.

Ich habe dafür gekämpft, dass die Bedingungen für die Inhaftierten besser sein werden als in den anderen Bundesländern. Ich habe mich dafür eingesetzt, dass in Schleswig-Holstein Kinder und Minderjährige nicht inhaftiert werden – natürlich wäre es mir am liebsten gewesen, Abschiebehaft abzuschaffen, aber das ist mit CDU und FDP absolut nicht zu machen. Das wäre eine Forderung, die die SPD nicht einmal stellt, wenn sie in der Opposition ist – und ohne Weiteres ihre Maximalforderungen stellen könnte. Wir Grüne haben auf Landesebene wiederholt beschlossen, dass wir gegen Abschiebehafteinrichtungen sind. Die Grünen in Berlin, wenn sie auf Bundesebene regieren sollten, werden in der Verantwortung sein, das umzusetzen.

Ich schreibe das, um die Komplexität von politischen Entscheidungen darzustellen und zu zeigen, dass eine Überzeugung eben oft keine Realitäten schafft. Mir ist es wichtig, nicht nur von politischen Erfolgen zu erzählen. Hätte es 2017 nicht für die Koalition gereicht, wären wir nicht in der Lage gewesen, den Aktionsplan gegen Rassismus auf den Weg zu bringen und auch unser humanitäres Aufnahmeprogramm für 500 besonders Schutzbedürftige – also Maßnahmen, die tatsächlich in der Kompetenz eines Bundeslandes liegen. Es ist ein Beispiel für ein politisches Dilemma, das man auf viele andere Themen übersetzen kann. Und es ist ein Argument dafür, dass wir mehr sein müssen, um in politischen Institutionen ein größeres Bewusstsein für Themen wie Flucht und Rassismus zu schaffen. Mehr Menschen in linken Parteien, in den Parlamenten und Regierungen.

Nur so können wir an den Orten, an denen Entscheidungen getroffen werden, deutlich machen, dass man über Flucht- und Migrationspolitik nicht sprechen kann, ohne über Rassismus zu sprechen. Wenn man sich keine Gedanken über Rassismus in unserer Gesellschaft macht, wird man kaum verstehen, was an den bestehenden Gesetzen über Menschen auf der Flucht oder Menschen mit

Fluchtgeschichte falsch ist. Man kann es anscheinend nicht oft genug sagen: Rassismus ist nicht nur der Neonazi in Springerstiefeln, Rassismus sind Glaubenssätze, Annahmen, Bilder, Stereotype, die in unseren Köpfen sitzen, die wir nicht reflektiert oder bearbeitet haben. Oder die wir eben ganz bewusst nutzen, um für bestimmte Menschengruppen andere Entscheidungen zu akzeptieren, um ihnen Dinge zuzumuten, die man für sich selbst nicht beschließen würde.

Denn ich glaube, dass es möglich ist, Migration und Einwanderung ohne die rassistische Praxis der Abschiebehafteinrichtung zu organisieren. Wir könnten Einreise und, wenn kein Weg daran vorbeiführt, Ausreisen, auch human gestalten. Es ist keine Utopie. Rückführungen, die immer eine Katastrophe für Menschen sind, die gehofft haben, hier ein sicheres Leben zu führen oder bereits ein solches geführt haben. Wenn es wirklich Gründe dafür gibt, dann sollte es das Mindeste sein, dass die Unterbringung der Menschen nicht unmenschlich ist. Ich werde nie vergessen, wie ein konservativer Politiker dazu sagte: »Ach, diese Abschiebehafteinrichtungen sollen doch vor allem zur Abschreckung dienen, damit die Leute begreifen, dass sie nicht hierbleiben können und den Weg der freiwilligen Rückführung selbstständig wählen!«

Es wäre viel gewonnen, wenn wir in Deutschland auf einer vernünftigen Grundlage über Rassismus sprechen könnten und nicht immer wieder bei null anfangen müssten. Wenn wir darüber sprechen würden, inwiefern Rassismus politisches Handeln prägt, Handeln, das wiederum

Rassismus verfestigt und reproduziert. Das ist die Debatte, die ich eigentlich führen möchte – über strukturellen Rassismus. Aber ich weiß, dass die nächste Überschrift lauten würde: »Aminata Touré bezeichnet alle Politiker*innen in Deutschland als Rassist*innen!« Weil eins geht nämlich gar nicht in Deutschland: Wir können zwar über Ungerechtigkeiten sprechen und auch die Probleme benennen, aber was wirklich zu weit geht, ist, Schuldige zu benennen. Dann ist man plötzlich selbst das Problem und man sieht überall Gespenster.

Mir ist es egal, ob Menschen bewusst oder unbewusst rassistisch sind. Unbewusst ist manchmal noch schlimmer, weil sie sich wahrscheinlich noch auf der guten Seite glauben und dabei fürchterliche Entscheidungen treffen. Das Problem ist, dass es passiert. Und dass es sich nicht ändern wird, wenn wir diese Debatte nicht ehrlich führen. Eine Debatte darüber, dass wir ein Problem mit Rassismus haben. Eine Debatte darüber, dass rassistische Praktiken in unserem Land stattfinden und darüber, dass rassistische Politik an der Tagesordnung ist. Und wir müssen anfangen, sie so zu benennen, ohne Angst davor zu haben, dass Konservative uns wieder »Hysterie« vorwerfen und behaupten, wir seien nicht regierungsfähig, weil wir angeblich das Land schlechtreden. Lasst uns das einmal beiseitepacken und ignorieren und uns das Kernproblem angucken und – das ist das Entscheidende – Lösungen anbieten. Wir machen uns weniger angreifbar, wenn wir Lösungen anbieten.

Es wird eine große Herausforderung bleiben, die inhaltlichen Punkte der Konflikte verständlich und die eigene

Position deutlich zu machen. Und zeitgleich einzusehen, wo der eigene Handlungsspielraum begrenzt ist, ohne das als Entschuldigung vorzuschieben, um sich nicht für die Erweiterung desselbigen einsetzen zu müssen.

Verbündete

Rassismus ist kein gefühltes Problem. Es ist die Realität sehr vieler Menschen, die jeden Tag Diskriminierungen erfahren, und denen, sobald sie es ansprechen, entgegnet wird, sie reagierten »emotional«. Aber es ist kein Zufall, dass Schwarze Menschen dieselben Erfahrungen machen. Es ist kein Zufall, dass Muslim*innen in Deutschland von denselben Beleidigungen berichten. Es ist kein Zufall, dass Rom*nja und Sinti*zze dieselben Anfeindungen kennen. So viele Menschen haben bewusst oder unbewusst damit zu kämpfen, während die Mehrheitsgesellschaft von »gefühlten Realitäten« oder von Einzelfällen spricht und das Problem damit immer wieder infrage stellt und anzweifelt.

Menschen, die täglich Rassismuserfahrungen machen und täglich vor der Herausforderung stehen, diese als solche begreiflich zu machen, brauchen einander also nicht nur, um sich Kraft zu geben und sich zu unterstützen: Es geht auch darum, sich gegenseitig immer wieder zu versichern, dass das Problem existiert, dass es eben kein Einzelfall und keine »emotionale Reaktion« war, was da passiert ist. Das gilt umso mehr, solange die Mehrheitsgesellschaft es für nötig hält, jede einzelne von Rassismus betroffene Person nach ihren Rassismuserfahrungen zu fragen, da es ja sein könnte, dass sie keine hat und das Problem also doch nicht so groß, doch nicht strukturell ist. Wir sind darauf angewiesen, uns zu verbünden.

Wenn ich einen schlechten Tag habe, wenn mich etwas ärgert oder ich etwas Schönes teilen möchte, dann ist mein erster Impuls oft, Tupoka Ogette, Alice Hasters und Aminata Belli zu schreiben. Wir lernten uns alle einzeln kennen und sind irgendwann so etwas wie eine Sisterhood geworden. Ein Raum, in dem wir nicht Projektionsfläche sind und in dem wir uns nicht erklären müssen. Wir arbeiten alle in unterschiedlichen Bereichen und doch für die gleiche Sache, nämlich dafür, dass diese Gesellschaft eine bessere wird. Dass Menschen wie uns selbstverständlich an den Orten Raum gegeben wird, wo wir arbeiten. Durch Aufklärungsarbeit, durch Journalismus, durch Politik und durch das Schreiben. Unsere Wege haben sich irgendwann gekreuzt und ich bin mehr als dankbar für diese Verbindung.

Tupoka ist für mich wie eine große Schwester. Ich wurde auf sie aufmerksam, als ich Texte von Schwarzen Frauen suchte. Ihre Texte und später auch ihr Buch begeisterten mich sofort. Ich traf sie zum ersten Mal einen Tag bevor ich Barack Obama kennenlernen und vorstellen durfte, eigentlich durfte ich es niemandem sagen, aber ich erzählte es ihr trotzdem. Mit manchen Menschen hat man sofort ein Vertrauensverhältnis, obwohl man sich gerade erst kennengelernt hat. So ein Mensch ist sie. Sie freute sich für mich und es gibt wenig Menschen, die sich so ehrlich für und mit einem freuen können. Das ist bis heute so. Mit ihr kann ich lachen wie weinen. Das Schöne und Schwere teilen.

An Alice schätze ich die Ruhe und Nachdenklichkeit, die sie ausstrahlt und die sich sofort auf einen übertragen. Wir trafen uns zum ersten Mal, als sie ihr Buch hier in Kiel bei meinem Frauenstammtisch vorstellte. Ein Gespräch, das mir bis heute im Gedächtnis geblieben ist, ist aber eins, das viel später stattfand: Wir saßen zusammen im Taxi im Rahmen der People of African Descent Week in Berlin und waren auf dem Weg zu einer Aufzeichnung. Ich erzählte ihr von genau diesem Buch, das ich schreiben wollte und – wie sollte es anders sein – von meinen Zweifeln. Sie schaute mich an und sagte, so selbstverständlich, als spräche sie von einem Naturgesetz, dass ich es unbedingt schreiben solle und dass es das brauche. Die Geschichten von Schwarzen Frauen und ihren unterschiedlichen Biografien. Ich bin ihr so dankbar dafür, dass sie mir immer wieder jeden Zweifel nimmt und ich mich danach stärker fühle.

Mit Aminata teile ich nicht nur denselben Namen und dasselbe Geburtsjahr, wir sind beide auch noch in Schleswig-Holstein geboren. Sie ist wie ein Wirbelwind, bei dem ich nie anders kann, als mit ihr zu lachen. Als wir uns das erste Mal trafen, bei mir im Landtag, kam ich ihr draußen entgegen und das Erste was sie tat, war, Fotos von mir zu schießen. Ich hab mich kaputtgelacht. Auch wenn wir uns bereits über Instagram connectet hatten, kannten wir uns noch nicht. Sie meinte, dass ich total toll aussehen würde und man das festhalten müsse. Ich hatte sie direkt ins Herz geschlossen. Ich bewundere es, wenn Menschen so eine offene, liebevolle und kluge Art haben wie Aminata. Ihr Blick auf die Welt bringt mich immer noch mal anders zum Nachdenken.

Das Schönste, was wir uns vorgenommen haben, ist, niemals bitter zu werden und uns immer daran zu erinnern, selbst, wenn wir alt und grau sind. Dass bei all dem, was einen frustrieren und verletzen und wütend machen kann, die Freude über das Schöne im Leben immer überwiegen wird. Das Schöne, wie zum Beispiel unsere Verbindung. Dass wir uns an unserer Gemeinschaft erfreuen, die die Individualität jeder Einzelnen zulässt.

Denn um unser Leben zu bestreiten und um mit unseren Herausforderungen umzugehen, wählen wir die unterschiedlichsten Strategien und die unterschiedlichsten Ausdrucksformen: Musik, Kunst, Aufklärungs- und Bildungsarbeit, Aktivismus, Politik. Manchen Menschen ist man nah, indem man ihre Texte und Bücher liest, anderen, indem man ihre Musik hört.

In meiner Jugend habe ich sehr oft die Songs von Samy Deluxe gehört. Ich erinnere mich gut daran, wie ich mit meiner Mutter im Auto sitze und den Song »Superheld« von Samy Deluxe höre und sie sagt, wie gut er formuliert, welche Schwierigkeiten einem als Schwarzer Mensch begegnen. Musik ist für mich immer ein Bezug zu bestimmten Lebensphasen. Ich höre ein Lied und sofort bin ich wie durch eine Zeitmaschine wieder an dem Punkt, an dem ich bestimmte Dinge erlebt und gelernt habe. Gerüche, Menschen, Gefühle, aber auch Erfahrungen und Überzeugungen, alles ist sofort da. Bevor ich in schwierige Verhandlungen gehe, höre ich zum Beispiel oft das Album *Platz an der Sonne* von BSMG, einem Schwarzen Künstlerkollektiv aus

Megaloh, Musa und Ghanaian Stallion. Oder wenn ich vor einem Auftritt meinen Mut zusammensuchen muss und nicht weiß, warum ich das mache. Höre ich die Musik, bin ich manchmal schon fast übermütig und das ist genau die Stimmung, die ich dann brauche. Dafür bin ich den dreien sehr dankbar. Ich weiß, dass es nicht nur mir so geht.

Natürlich ist es wichtig, viele Menschen mit Botschaften und Inhalten zu erreichen, aber ebenso wichtig ist es, Menschen zusammenzubringen. Überall im Land und überall auf der Welt führen Menschen Kämpfe gegen Rassismus. Es ist unheimlich wichtig, sich zu treffen und sich zu vernetzen, um Ideen auszutauschen, gemeinsam Lösungen zu formulieren und einfach nur, um daran erinnert zu werden, dass wir viele sind.

2018 war ich zum ersten Mal bei der Congressional Black Caucus Conference in Washington, D. C. Die Vereinigung der afroamerikanischen Kongressabgeordneten, die schon seit den 70er-Jahren die Interessen Schwarzer Menschen in der US-Politik vertritt, lädt zu ihrer jährlichen Versammlung immer auch eine europäische Delegation ein. Each One Teach One (EOTO), eine Schwarze Organisation aus Berlin, hatte mich vorgeschlagen. Als der Vorsitzende Daniel Gyamerah mich anrief, sagte ich sofort zu. Auf der Reise lernte ich dann Jeffrey Klein von EOTO kennen, mit dem ich seither gut befreundet bin. Ich mag den Gedanken, dass diese Reise ein Start für so vieles war, für politische Zusammenarbeit wie für Freund*innenschaften.

Ich erinnere mich daran, wie ich am letzten Tag in Wa-

shington bei einem Treffen mit jungen Verantwortungs-
träger*innen dazu aufgefordert wurde, meine Eindrücke
der letzten Tage in einer Rede zusammenzufassen. Ich
hatte Herzklopfen und war nicht darauf vorbereitet, vor
allen Anwesenden zu sprechen, und dann auch noch auf
Englisch. Bisher hatte ich mich auf der Reise, was Gespräche und Ansprachen anging, eher im Hintergrund gehalten. Ich war viel zu sehr damit beschäftigt, die Dinge auf
mich wirken zu lassen und hörte die meiste Zeit begeistert zu. Als ich an der Reihe war, erzählte ich drauflos und
sagte, was für eine unfassbare Kraft mir die vergangenen
Tage gegeben hatten und wie dankbar ich sei, diese Welt
kennenzulernen: eine Welt, in der Schwarze Menschen
in Verantwortung sind, vernetzt sind und gemeinsam
an Veränderung arbeiten. Während ich sprach wurde der
ganze Raum still und mir kamen die Tränen, ich stockte
und kämpfte um die Worte. Ich beendete meine Rede und
der ganze Saal stand auf und applaudierte. Es war ein unglaublich schöner Moment, weil es mir zeigte, dass es
kein Widerspruch sein muss, politisch und emotional zu
sein.

Die Debatten und gesellschaftlichen Realitäten in
Deutschland und den USA sind nicht eins zu eins vergleichbar, aber fehlende Repräsentation, anhaltender Rassismus und andere Ungerechtigkeiten lassen sich in beiden Ländern feststellen. Diese Konferenz war nicht nur
für mich eine Bereicherung, ich merkte auch, dass es für
die US-Amerikaner*innen wichtig war, von der Situation
und der politischen Arbeit Schwarzer Menschen in Eu-

ropa zu hören. Bis heute bin ich mit vielen Menschen im Austausch, die ich dort getroffen habe. Jedes Mal, wenn ich den Gedanken »wir sind zu wenige hier vor Ort« habe, fühle ich mich bestärkt, wenn ich zum Handy greifen und sehen kann, dass überall Menschen für diese Sache kämpfen.

Aus Washington nahm ich diese Energie mit und beim ersten Telefonat mit Katrine sagte ich: »Wir werden Folgendes tun: Die Antirassismuskonferenz groß aufziehen und einen Parteitagsantrag einbringen, damit unsere Partei sich stärker mit dem Thema auseinandersetzt!«

Im März 2019 sollte die Konferenz stattfinden. In dieser Legislaturperiode würde sich das Land intensiv mit dem Thema beschäftigen. Gemeinsam mit meinem Team, bestehend aus Katrine und damals noch Anna, setzte ich mich an die Planungen. Die Konferenz würde der große Startpunkt für unsere Arbeit am Aktionsplan gegen Rassismus sein. Wir würden Expert*innen einladen und am ganzen Prozess sollten von Rassismus betroffene Menschen beteiligt sein. Außerdem war es mir sehr wichtig, die Konferenz im Plenum des Landtags stattfinden zu lassen, die Gesellschaft der Vielen sollte auf den Sitzen der Parlamentarier*innen und der Regierung Platz nehmen.

Es würde darum gehen, ein umfassendes Bild der Probleme zu zeichnen, denen wir uns widmen wollten, und möglichst viele Stimmen zu hören, nicht nur aus der Wissenschaft und Verbänden, sondern auch aus der Gesellschaft. Also meldete ich mich bei Samy Deluxe, der sofort zusagte und mitdiskutieren wollte. Ich wollte Musik, und zwar solche, die gerade für Menschen, die von Rassismus betroffen sind, etwas bedeutet. Zwei Schwarze Rapper und ein DJ aus Berlin, Musa, Amewu und DJ HDrS kamen vorbei und begleiteten die Veranstaltung.

Außerdem nahmen an der Konferenz zwei Expert*innen zum Thema antischwarzer Rassismus teil, Saraya Gomis und Jeffrey Kwasi Klein von EOTO, von der Universität Bielefeld kam Joshua Kwesi Aikins, der unter anderem zur politischen Repräsentation der afrikanischen Diaspora forscht und sich bei der Initiative Schwarze Menschen in Deutschland engagiert. Zum Thema antimuslimischer Rassismus sprachen Shazia Noor Malik, Aqilah Sandhu und Yasmine M'Barek und zum Thema Gadje-Rassismus, also der Diskriminierung von Sinti*zze und Rom*nja, Hajdi Barz sowie Nicole Henning und Rolf Ulrich Schlotter vom Landesverband Sinti und Roma in Schleswig-Holstein.

Als ich zum Abschluss der Konferenz sprach, genau an dem Ort, an dem ich anderthalb Jahre zuvor vereidigt worden war, sprach ich zu den Verbündeten, die mit uns gemeinsam den Kampf gegen Rassismus angehen wollten. Wir hatten diesen Raum im besten Sinne des Wortes besetzt. Überall saßen Menschen, die eine Idee teilten und dafür eintreten wollten. Junge, Alte, Betroffene und Nicht-Betroffene. Ich sprach zu Menschen, die meine Lebensrealität teilen, die einen Migrationshintergrund haben. Ich sagte, dass sie für sich beanspruchen dürfen, mit an diesem Tisch und in diesem Raum zu sitzen. Ich wusste, dass ich jedes Mal, wenn ich wieder hier in diesem Saal sitzen werde, an heute und diesen Moment zurückdenken würde. Dass es mir Kraft geben würde, um genau dafür zu kämpfen.

*

Ich glaube, man kann sich als Teil der Mehrheitsgesellschaft nicht vorstellen, was es bedeutet, zum ersten Mal als Minderheit eine Mehrheitserfahrung zu machen. Nicht die Person zu sein, die heraussticht, weil sie vermeintlich anders ist. Bei Menschen, die daran gewöhnt sind, als »anders« markiert zu sein und sich dementsprechend zu verhalten, ist die Internalisierung oft so stark, dass in den Momenten, in denen sie nicht herausstechen, eine Anspannung von ihnen abfällt, die sie als solche vorher nicht bewusst einschätzen konnten. Es ist eine schöne und grausame Erfahrung. Eine schöne, weil es einem für einige Momente die Last nimmt, und eine grausame, weil man dann erst bemerkt, was man normalerweise mit sich herumträgt. Mental wie körperlich. Die Auswirkungen des Andersbehandeltwerdens diskutieren wir, meiner Meinung nach, nicht genug. Ich weiß nicht einmal, ob es ein gesellschaftliches Bewusstsein dafür gibt, dass es auch psychologische, also gesundheitliche Folgen hat. Über die Auswirkungen von Ausgrenzungen können wir nicht sprechen, weil die Prämisse nicht da ist: Stattdessen müssen wir uns in Deutschland etwa nach wie vor zu der Frage äußern, ob es Rassismus überhaupt gibt.

Es sollte nicht notwendig sein, Mehrheitserfahrungen zu machen, um loslassen zu können. Dass man sich nur dann wohl- und sicher fühlen kann, wenn man von Menschen umgeben ist, die bestimmte Erfahrungen teilen, ist das Gegenteil der Gesellschaft, die ich mir wünsche. Und dennoch sind genau diese Räume so wichtig. Räume wie das Kollektiv afrodeutscher Frauen, das wir 2018 in Kiel geschaffen haben. Mittlerweile kommen über 60 Frauen zu den monatlichen Treffen, zu den Workshops und Veranstaltungen. Es ist ein Austausch, der Spaß macht, aber der auch wichtig ist, für ein gegenseitiges Empowerment und zum Sichtbarmachen von Schwarzem Leben in Kiel.

Es sind solche Schutzräume, in denen man den Versuch startet, sich vom *white gaze* zu befreien, weil man sonst nicht atmen kann. Wenigstens für ein paar Tage, wenigstens für ein paar Momente. Es ist traurig, dass es diese Räume braucht. Und auch sie sind nicht perfekt, nicht frei von Verletzungen, denn das ist wahrscheinlich kein Raum, in dem mindestens zwei Menschen zusammenkommen mit ihren Erfahrungen, ihren Emotionen, ihrer Ignoranz und ihrer Blindheit für Themen, die sie nicht betreffen. Aber es sind Räume, in denen wir Menschen begegnen, mit denen wir Wissen und Erfahrungen teilen.

Simon Woolley lernte ich 2018 beim Black Caucus kennen. Er ist Aktivist und Gründer der Operation Black Vote, die sich in Großbritannien seit den 1990er-Jahren für die Interessen Schwarzer Wähler*innen einsetzt. Inzwischen ist er Berater der Regierung und Mitglied des britischen Oberhauses. Im Frühjahr 2020 sahen wir uns in London wieder, wo ich zu einer Veranstaltung der London School of Economics eingeladen war. Doch ich war kaum angekommen, als auf meinem Handy die Nachricht aufploppte, dass Thomas Kemmerich, der Vorsitzende der FDP-Fraktion in Thüringen, mit den Stimmen der AfD zum Ministerpräsidenten gewählt worden war.

Der CDU in Thüringen hätte man in dieser Hinsicht viel zugetraut, nun war es die FDP, die in diesem Land mit der AfD zusammenarbeitete. Es fühlte sich an wie die konsequent zu Ende gedachte Verharmlosung von Rechtsextremismus, die in den letzten Jahren immer wieder von konservativen und liberalen Politiker*innen betrieben worden war. Ein schlimmes Signal für Angehörige von Minderheiten und so viele andere Menschen, ein weiterer Moment der politischen Frustration. Ich erzählte Simon von der Wahl Kemmerichs, vom grundsätzlichen Umgang mit der rechten Gefahr in Deutschland und von meinem Impuls, direkt wieder abzureisen. Er sah mich an und da er nicht nur 30 Jahre älter ist als ich, sondern auch genauso viele Jahre mehr an politischer und aktivistischer Arbeit hinter sich hat, antwortete er bestimmt: »Weißt du, Amina, was unsere beiden Länder brauchen? Eine erwachsene Unterhaltung über Rassismus.«

Es tat gut, mit jemandem zu sprechen, der dieses Gefühl sehr genau kennt. Der weiß, wie es ist, immer wieder in zwei Welten zu navigieren. Eine Welt, in der Menschen von Rassismus betroffen sind und genau wissen, was sie von dieser Gesellschaft erwarten können, zusammen mit denjenigen, die sich mit dem Thema auseinandersetzen wollen. Und die andere Welt, in der derselbe Rassismus existiert, aber auch die Menschen, die sich nicht damit auseinandersetzen wollen und die die Gefahr nicht begreifen, die darin für unsere Gesellschaft liegt.

Ich habe ihn gefragt, was man machen soll, wenn einem die Kraft ausgeht und einen der Mut verlässt. Seine Antwort war sehr klar: »*Self-Care*«. Es sei wichtig, bei all den Kämpfen, die man führt, sich selbst nicht zu vergessen. Auszeiten zu nehmen, an andere Dinge zu denken und sich zu entspannen. Man dürfe nicht vergessen, dass man mit der eigenen politischen Arbeit bei anderen Menschen Energie freisetze, was einem selbst wiederum Kraft gebe. Dass es aber auch eine Bürde sei, dabei Anfeindungen, Verletzungen und Enttäuschungen hinnehmen zu müssen. Im Gespräch mit Simon merkte ich, dass es nicht einfach Größenwahn ist, wenn ich manchmal denke, dass ich eine Last fühle, sondern dass es vielen Menschen so geht und insbesondere Minderheiten, die in den unterschiedlichsten Strukturen für Veränderungen kämpfen.

Zwei Wochen später war ich in eine Talkshow eingeladen und ich beschrieb, wie die Tatsache, dass man sich von Rechtsextremen wählen lässt, die Ängste von Minderheiten bestätigt. Als ich es sagte, hatte ich, wie so oft, wenn es um dieses Thema geht, das Gefühl, dass meine Einschätzung nicht von allen in der Runde geteilt und möglicherweise als überzogen empfunden wird. Ich gab in diesem Moment ganz konkrete Eindrücke wieder, die Menschen mir in den Tagen und Wochen zuvor geschildert hatten. Ich weiß noch genau, was für eine schwierige Stimmung herrschte. Was ich nicht wusste, war, dass am selben Abend in Hanau elf Menschen durch ein rechtsextremes Attentat ihr Leben verloren. Sie verloren ihr Leben, weil ein Rassist sich dazu entschied, ihr Leben zu beenden. Während ich mit Katrine im Zug zurück nach Kiel saß, erreichte uns die Nachricht.

Ich kann nicht glauben, dass wir es in unserem Land nicht schaffen, Minderheiten ausreichend vor solchen Attentaten zu schützen. Und das fängt nicht beim Polizeischutz für religiöse Einrichtungen an. Das ist eigentlich der letzte, traurige Schritt. Der erste Schritt müsste sein, dass wir anerkennen, dass wir ein massives Problem mit Rechtsextremismus, Antisemitismus und Rassismus haben. Dass es für solches Gedankengut zu viel Nährboden und Anhänger*innen gibt.

You always told me »It takes time.« It's taken my father's time, my mother's time, my uncle's time, my brother's time and my sister's time. My niece's and my nephew's time. How much time do you want for your »progress«?

Ihr habt mir immer gesagt: »Es braucht Zeit«. Es hat die Zeit meines Vaters gebraucht, die meiner Mutter, die meines Onkels, meines Bruders und meiner Schwester, meiner Nichte und meines Neffen. Wie viel Zeit wollt ihr, für euren »Fortschritt«?

— James Baldwin[13]

Es sind diese Sätze von James Baldwin, an die ich jedes Mal denke, wenn ich jemanden sagen höre, dass es Zeit braucht. Denn die Probleme, die wir ganz offenkundig haben, lassen sich nicht aussitzen und sie lassen sich nicht kleinreden oder wegdiskutieren, wie man mit Kindern verhandelt, ob sie zum Abendessen noch was Süßes essen dürfen oder nicht. Die Verhandlungen, die wir führen, drehen sich um Menschenrechte. Es geht um Menschenwürde. Die Diskussionen, die ich aus Deutschland kenne, drehen sich aber oft darum, dass Minderheiten, die jegliche Form der Erniedrigung und Verletzung erfahren haben, für die Mehrheit Verständnis aufbringen und möglichst sensibel über die Frage ihrer Menschenrechte verhandeln müssen. Nicht zu sehr zu fordern, nicht zu laut, nicht zu verletzend, nicht zu realitätsnah. Immer verständnisvoll für die Entwicklungsprozesse, die man weißen Menschen zugestehen muss, da sie zwar möglicherweise schon 45 Jahre alt sind, aber noch nie in ihrem Leben mit dem Thema in Berührung gekommen sind. Wir müssen verstehen, dass sie gerade dabei sind zu verstehen, während man selbst Demütigungen erlebt hat, seitdem man denken kann. Ich gehöre zu den Menschen, die bereit sind, diese Verhandlungen zu führen, aber ich bin auch 28 Jahre alt und führe nicht seit 40 Jahren dieselben Debatten. Ich habe vielleicht auch einfach eine Schmerzgrenze, die noch nicht (ganz) erreicht ist.

Aber wir können diese Kämpfe und diese Verhandlungen nicht alleine führen. Wir brauchen die Kraft und den Rat derer, die sie seit 40 Jahren führen, und die Hoffnung und Energie derer, die sich derzeit dafür einsetzen, dass Diskriminierung bekämpft wird. Wir brauchen die Kunst und die Arbeit anderer, mit denen wir Erfahrungen, Ängste und Ziele teilen, und wir brauchen den Austausch und die Vergewisserung, dass der Eindruck, dass das, was uns in einer Gesellschaft widerfährt, nicht unser jeweils eigenes Gefühl ist, sondern Tatsachen, gegen die wir uns einsetzen müssen. Wir brauchen Verbündete, weil es zu schwer ist, alleine gegen all diese Widerstände anzulaufen. Es braucht Verbündete, mit denen man mehr ist als die Projektionsfläche, zu der man gemacht wird.

Ihr alle – und noch viel mehr

Ihr alle – und noch viel mehr.
Ihr seid das, wofür es sich zu streiten lohnt.
Ihr seid der Grund für den Kampf
nach vorne.
Vor uns – alles.
Tragen wir uns auf Händen.
Tragen wir uns durch schwere Zeiten.
Tragen wir einander.
Nichts und niemand hindert uns.
Alles und noch viel mehr steht uns bevor.
Wir sind unsere Verbündeten.
Wir sind die neue Bewegung.
Wir bringen Bewegung.
Wir bewegen uns.
Wir sind neu,
frei,
selbstbewusst,
selbstkritisch,
selbstliebend,
selbstbewundernd.
SELBST sind wir.

Veränderung wird kommen

Im Juli 2020 mache ich Urlaub in Dänemark und versuche, ein paar Tage zu detoxen – keine Nachrichten, kein Social Media, keine Arbeit, keine Politik, nur an diesem Buch arbeiten –, als ich erfahre, dass John Lewis gestorben ist. Ich weiß nicht so richtig warum, aber es hat mich vollkommen umgehauen. John Lewis war ein wichtiger Protagonist der Schwarzen Bürgerrechtsbewegung in den USA, der neben Martin Luther King und anderen marschierte. Von Selma nach Montgomery. Der gewaltfrei und widerständig für die Rechte Schwarzer Menschen gekämpft hat. Ich habe die Meldung zufällig am Morgen gesehen und musste unentwegt weinen. Ich konnte nicht mehr aufhören. Es war das Gefühl, dass wirklich alles von diesen Gedanken überdeckt wird. Eine der wichtigsten Stimmen, die auch für die jetzige Generation der Bürgerrechtsbewegung Hoffnung bedeutete, in dieser Zeit der Proteste, ist gegangen. Einer unserer *elder people* ist gegangen. Jemand, der für das Recht zu wählen marschiert ist, ist gestorben, in einer Zeit, in der jemand die Demokratie in den USA zersetzt. In einer Zeit, in der die Black-Lives-Matter-Demonstrationen so stark waren wie nie zuvor, nach der brutalen Ermordung des Afroamerikaners George Floyd durch einen weißen Polizisten. In einer solchen Zeit stirbt John Lewis. Das hat mir für einen Moment den Boden unter den Füßen weggerissen. Das Gefühl, dass so viel im Umbruch ist, aber man weiß nicht, in welche Richtung es sich bewegen wird.

Als ich Mariam anrief, um ihr unter Tränen von meinem Gefühlsausbruch zu erzählen, beschwichtigte sie mich. Sie berichtete mir vom Treffen des Kollektivs afrodeutscher Frauen und dass noch nie so viele Schwarze Frauen da waren. Dass furchtbar rassistische Geschichten geteilt wurden, aber dass auch eine Stärke daraus sprach, die feste Überzeugung, Rassismus nicht mehr hinzunehmen. Sie erinnerte mich daran, dass die Proteste in den USA weitergingen und ich ihr vor ein paar Wochen, als sie einen Moment der Hoffnungslosigkeit hatte und das Gefühl, alles sei umsonst, Mut gemacht hatte. Dass ich gesagt hatte, wir müssten weitermachen und dass Veränderung kommen wird. Ich musste schmunzeln, als ich feststellte, dass wir antizyklisch hoffnungsfroh waren. Das führt vielleicht dazu, dass wir zwar Momente der Hoffnung nicht zeitgleich durchleben, wir aber auf der anderen Seite immer genau dann den Mut aufbringen können, den die andere gerade braucht, um weiterzumachen.

Der Sommer 2020 war ein Durchatmen nach Wochen, Monaten, Jahren ohne Atem. Nach Wochen des Sprechens, Streitens und Kämpfens. Seit George Floyd getötet worden war, hatte sich auch in Deutschland das Sprechen über Rassismus verändert, das vorsichtige Herantasten war etwas weniger vorsichtig geworden. In uns löste sich etwas durch die grausame Gewalt, die wieder einmal ein Schwarzer Mann erfuhr. Wir, die wir davon betroffen sind, hatten jahrelang vorsichtig zu erklären versucht, dass der anhaltende Rassismus uns krankmacht, hatten darüber gesprochen, was unser Leben erschwert. Nun war es plötzlich nicht mehr ein Thema am Rande, ein Minderheitenthema, nun mussten wir dazu Stellung nehmen, als ob plötzlich etwas bekannt geworden wäre, was vorher niemand bedacht hatte. So vieles ging uns durch den Kopf in diesen Monaten. Und dann pausierte es – irgendwie. Die Anfragen, sich dazu zu äußern, wurden weniger und der Druck sank – ein wenig. Es war merkwürdig.

Die Worte »*I can't breathe*« beschrieben nicht nur den Moment, in dem George Floyd gewaltvoll von einem weißen Polizisten getötet wurde, sondern auch das Gefühl vieler Schwarzer Menschen, die nicht atmen können, weil ihnen die Luft abgeschnürt wird. Seit Generationen, weltweit. Ohne Schuldgefühle, ohne Scham. So viele von uns können sooft nicht atmen und doch atmen wir – im Gegensatz zu George Floyd, Breonna Taylor, Ahmaud Arbery und vielen mehr. Wir müssen weiterkämpfen, damit andere atmen können – frei. Befreit. Was folgen muss? Sich ändern muss? Gleichbleiben wird? Wir werden es sehen. Veränderungen bedürfen mehr als Wochen und Monate. Es sind manchmal Jahre, Jahrzehnte. Ich bin bei diesem Gedanken oft ernüchtert und hoffnungsfroh zugleich, weil ich glaube, dass es wichtig ist, nicht zu verzagen.

Nach dem Tod von George Floyd haben sich vor allem online viele Menschen positioniert. Vor allem Schwarze Menschen, aber auch viele nicht-Schwarze Menschen, die sich solidarisch gezeigt haben. Für einige war es mit dem

Posten einer schwarzen Kachel mit dem Hashtag #black-outtuesday getan. Für andere war es der Anfang eines Bewusstwerdens, das auch ohne mediale Aufmerksamkeit weitergeht. Nicht mehr schweigen. Laut sein und sich für seine Wut nicht mehr rechtfertigen. Keine dummen Kommentare oder vermeintlichen Witze mehr aushalten, sondern dagegenhalten. An vielen Orten und in vielen Gruppen konnte man das feststellen. Junge Menschen, die sich für die Proteste um Black Lives Matter organisierten, aber danach auch organisiert blieben.

Ich wurde tausendmal gefragt, was sich geändert habe nach dem Tod von George Floyd. Sein Tod war eine Zäsur. Viele fragten mich, ob es zu nachhaltigen Veränderungen kommen würde. Ob Schwarze Menschen nun anders behandelt werden würden. Aber gerade als im Sommer die Anfragen weniger wurden, gab es auch Fragen wie diese: Ob ich enttäuscht darüber sei, dass das Thema wieder weniger Aufmerksamkeit erhält. Ob es nicht eigentlich nur ein kurzer Hype oder Moment gewesen sei und alles wieder weitergehen würde wie bisher. Diese Fragen wurden mir, um ehrlich zu sein, vor allem von weißen Menschen gestellt. Von weißen Menschen, die die Aufmerksamkeitsökonomie mitbestimmen, von Journalist*innen. Ich antwortete in der Regel mit folgendem Beispiel: Im Mai 2020 wurde George Floyd ermordet. Sechs Monate zuvor, Ende November 2019, veranstalteten über 35 Organisationen und über 300 Schwarze Menschen die »People of African Descent Week Germany« in Berlin. Es war eine historische

Konferenz. Menschen aus Parteien, Organisationen, Verbänden, Wissenschaft, Kunst, Sport kamen zusammen, Schwarze Menschen und Unterstützer*innen. Wir hatten am ersten Tag zu einer Pressekonferenz eingeladen, natürlich alle großen und viele kleine Zeitungen. Es kam genau eine Journalistin.

Sie war von der *taz* und schrieb einen Artikel mit einer Überschrift, die auf den Punkt brachte, was wir wollen: »Schwarze Menschen in Deutschland – Mehr Macht und Würde«. Darin stellte sie die »Dekade für Menschen afrikanischer Herkunft« vor, die die Vereinten Nationen für die Jahre 2015 bis 2024 ausgerufen haben, als Aufforderung, Rassismus und Diskriminierung überall zu bekämpfen und die Errungenschaften von Menschen afrikanischer Herkunft nach vorne zu stellen. »Anerkennung. Empowerment. Gerechtigkeit« lautete dementsprechend das Motto der PAD-Week in Berlin. Wir trafen uns unter anderem auf Einladung von Karamba Diaby, einem der ersten Schwarzen Abgeordneten im Bundestag, um das Thema auf die Agenda des Parlaments zu setzen, so wie es auf europäischer Ebene bereits geschehen war.

Zu sehen, wie gering das mediale Interesse daran war, war ernüchternd. Schwarze Menschen in Deutschland, aber auch weltweit, haben sich immer für ihre Rechte eingesetzt, sie haben politische Forderungen gestellt, ungeachtet dessen, ob es in der Mehrheitsgesellschaft gerade ein Interesse daran gab oder nicht. Das ist meine Antwort auf die Frage, ob ich enttäuscht bin über die zurückgehende Aufmerksamkeit. Denn es ist ja gerade das, was wir anprangern. Wir werden nicht gehört, obwohl wir sprechen. Schon immer. Unsere Anliegen werden nicht ernst genug genommen.

Wir sind es also gewohnt zu kämpfen, im Schatten der Themen, die für relevanter gehalten werden. Das soll nicht missverstanden werden: Das Ziel ist nicht, dass wir endlich auch mal von weißen Menschen als Menschen wahrgenommen werden. Wir wissen, dass uns der gleiche Respekt und die gleichen Rechte zustehen. Was wir wollen, ist, dass eine kritische Auseinandersetzung mit den tief verwurzelten Rassismen in der Gesellschaft stattfindet. Dass politische Maßnahmen ergriffen werden. Dass es als ernst zu nehmendes Problem wahrgenommen wird. Und man uns nicht als Bittsteller*innen betrachtet, sondern als Bürger*innen mit den gleichen Rechten. Das ist es, was wir wollen. Selbstbewusst und selbstbestimmt. Aber es liegt in der Natur der Sache, dass Minderheiten nicht die Macht haben, die Aufmerksamkeit regelmäßig auf ihre Forderungen zu lenken. Dafür braucht es die Mehrheitsgesellschaft. Und nicht, weil Minderheiten nicht in der Lage sind, selbst Analysen und Forderungen zu formulieren. Es braucht die Verbündeten aus der Mehrheitsgesellschaft, weil die Mehrheitsgesellschaft verstehen muss, dass die Rechte von Minderheiten sie genau so viel angehen, auch wenn es sie im Einzelnen nicht betrifft. Denn am Ende geht es uns alle etwas an: Es steht schließlich in der Verfassung.

Die Unterstützung durch Verbündete aus der Mehrheitsgesellschaft ist notwendig, gerade in der öffentlichen Auseinandersetzung. Unmittelbar nach den Black-Lives-

Matter-Protesten konnten wir wieder beobachten, wie die Macht derer, die nichts verändern wollen, wirkte: Die Debatte um antischwarzen, strukturellen Rassismus wurde breiter geführt – aber sie wurde sofort abgelenkt, indem plötzlich infrage gestellt wurde, ob man den Begriff »strukturell« überhaupt verwenden sollte. Es ist ermüdend, weil es so deutlich zeigt, wie gerade politisch Verantwortliche bewusst oder unbewusst mit ihrer eigenen Ahnungslosigkeit arbeiten. Es ist nicht schwierig herauszufinden, was »strukturell« im Zusammenhang mit Rassismus meint. Dass Rassismus eben nicht nur das Fehlverhalten Einzelner ist, sondern dass er tiefsitzend in der ganzen Gesellschaft wirkt. Dass er institutionell wirkt, also in staatlichen Strukturen und Behörden. Ebenso wie in allen anderen Bereichen wie z. B. auf dem Wohnungsmarkt, auf der Arbeit, im Bildungs- sowie im Gesundheitssystem. Dort wird Rassismus produziert und reproduziert. Viele kluge Menschen haben dazu geforscht und sich die Mühe gemacht, sehr verständliche Definitionen zu formulieren. Etwa Vanessa Thompson, die in Frankfurt an der Oder Kritische Rassismus- und Migrationsforschung, Black Studies, aber auch Kritische Polizeiforschung betreibt. Es fehlt nicht an Expertise oder kompetenten Menschen, die man fragen könnte, es fehlt an der Bereitschaft, sich einzugestehen, dass wir in Deutschland ein massives Problem mit Rassismus haben.

Gerade wenn es um institutionellen Rassismus geht, gibt es in Deutschland kein Vorankommen. Insbesondere beim Thema Polizei und Rassismus ist es fast unmöglich. Wir führen die Debatten dann oft so, als gäbe es zwei Seiten: Entweder man ist für die Polizei oder für Bürger*innenrechte. Auch das ist ermüdend. Die Frage ist, wie dafür gesorgt wird, dass die Rechte aller Bürger*innen durch alle Institutionen des Staates garantiert werden. Die Union regiert seit Jahren, und zwar auch im Bereich Innenpolitik, in den Bundesländern liegt die Verantwortung auch bei Sozialdemokrat*innen. Der Vorschlag, dass die Länder eigene Studien zu Rassismus und Rechtsextremismus machen sollten, wenn der Bund sich weigert, kam von einem Landesinnenminister der SPD. Und selbst konservative Politiker*innen entscheiden sich ja nicht immer gegen Bürger*innenrechte. Sie sprechen zum Beispiel auch mal gerne ihr Verständnis für Bürger*innen aus, die rechte Parolen skandieren und die staatliche Strukturen aus tiefster Überzeugung ablehnen und verachten.

Ich bin es leid, dass Themen wie Rassismus oder Rechtsextremismus immer nur als Randerscheinungen wahrgenommen werden. Immer nur dann Priorität haben, wenn es faktisch zu spät ist, weil Menschen ihr Leben verloren oder massive Angriffe stattgefunden haben. Ja, wahrscheinlich ist es eine Utopie, Rechtsextremismus und Rassismus auszurotten, aber die derzeitigen Bemühungen reichen definitiv nicht einmal für einen Minimalanspruch. Es ist fahrlässig, wie butterweich die Argumente gegen Rassismus formuliert werden. Bei kaum einem Thema wird so zahnlos formuliert wie bei der Bekämpfung von Rassismus. Gerade während der Black-Lives-Matter-Debatte in Deutschland, als die Zivilgesellschaft klare Worte gefunden hat, wirkten viele Parteien absolut hilflos. Dabei haben wir schon ganz andere Phänomene erlebt, die von uns das schnelle Einlesen und Einarbeiten verlangten. Und das Phänomen Rassismus ist wirklich nicht neu. Ich habe in diesen Wochen oft gehört, die Angst davor, etwas Falsches zu sagen, sei so groß, dass man lieber zuhöre. Und ja, es ist wichtig zuzuhören. Es ist wichtig, dass diese Debatten nicht ohne uns stattfinden. Nicht ohne die Menschen, die sich seit Jahren persönlich wie beruflich damit auseinandersetzen und auseinandersetzen müssen. Aber das Zuhören ersetzt nicht die eigene Auseinandersetzung. Das Zuhören impliziert das Lernen und das Weiterentwickeln der eigenen Antworten. Und gerade in einer Situation, in der die Zivilgesellschaft den Anspruch hat, sich Wissen anzueignen, um handlungsfähiger zu werden, finde ich es bezeichnend, wie schüchtern Politiker*innen formulieren. Also Menschen, die es sich sonst bei keinem Thema nehmen lassen, sich zu positionieren, unabhängig davon, ob sie informiert sind oder nicht. Nur hier – wenig Worte. Und das setzt ein ganz konkretes Zeichen an diejenigen, die von Rassismus betroffen sind: eine Hilflosigkeit der politisch Verantwortlichen im Umgang mit in der Verfassung verbrieften Rechte, die gefährdet sind.

Eine weitere Frage, die mir, nicht nur in diesem Jahr, immer wieder gestellt wird: »Nervt es Sie nicht, wenn Sie nur mit einem Thema verknüpft werden – Antirassismus?« Diese Frage nervt mich. Sie klingt, als wäre das Ganze ein Spiel. Als wäre es komfortabler, mit anderen Themen verknüpft zu werden und vor allem, als wäre der eigene politische Ansporn beliebig. »Mal gucken, was passt!« Ich weiß, dass viele Menschen das nicht begreifen, aber von Rassismus betroffen zu sein und viele Menschen im eigenen Umfeld, die eigene Familie, Freund*innen, Bekannte und Brüder und Schwestern, davon betroffen zu sehen, macht etwas mit einem. Es stellt einen jeden Tag vor die Frage, ob es eine Zeit geben wird, in der diese Menschen in einer Welt leben, in der sie verdammt noch mal eine Wohnung bekommen, unabhängig davon, wie sie heißen oder wie sie aussehen.

Jedes Mal, wenn man sich die Mühe macht, in Geschichtsbücher zu schauen, stellt man fest, dass es dieselben Mechanismen sind, die greifen und die sich immer wieder bewähren. Das lässt einen einerseits ohnmächtig werden und andererseits zeigt es etwas auf: Wenn wir uns auf dieselbe Erzählung immer wieder einlassen und die alte Geschichte immer wieder in neuem Gewand erzählen, dann sind wir verloren. Wenn wir uns die Mühe machen, mit dieser Erzählung zu brechen, gehen wir den mutigeren Weg. Meine politische Sehnsucht ist, dass wir uns mehr trauen zu sagen und zu denken, was wir für langfristig richtig halten. Wir müssen aufhören, immer wieder den Erzählungen zu glauben, die spaltend für unsere Gesellschaft sind. Gruppen werden immer wieder nach demselben Muster ausgegrenzt und es macht mich wütend, wie einfach das geht. Es werden wortwörtlich dieselben Verletzungen benutzt. Es werden wortwörtlich dieselben Angstszenarien aufgewärmt und es werden wortwörtlich dieselben abscheulichen Argumente genannt, um zu begründen, dass es die

»Ausländerpolitik« ist, die verschärft werden muss, um gesellschaftlichen Frieden, wirtschaftlichen Aufschwung und allgemeine Zufriedenheit zu erlangen. Dass das nicht wahr ist, weiß ich, nachdem ich zweimal Zeugin dieser Politik werden konnte, wenn nicht sogar dreimal. Das erste Mal, als mich diese Gesetze selbst noch betrafen, 1992. Das zweite Mal als Mitarbeiterin im Deutschen Bundestag, 2015–2017. Und das dritte Mal jetzt. Die Abstände verringern sich, die Rhetorik wird brutaler und die Auswirkungen auf diejenigen, die es betrifft, werden schmerzhafter.

Ich werde oft gefragt, warum ich überhaupt Politik mache, wenn sich gerade in dem Bereich, für den ich in meiner Fraktion unter anderem zuständig bin, Asyl und Migration, nur alles verschärft. Meine Antwort ist, dass es manchmal auch darum geht, das Schlimmste zu verhindern. Eine solche Frage ist berechtigt und sie schmerzt zugleich. Weil man in ihrer Beantwortung nicht darum herumkommt, das Gegenteil von dem zu formulieren, weshalb man in die Politik gegangen ist. Eigentlich möchte man verändern, nach vorne gerichtet. Aber bestimmte Zeiten erfordern genau das: dagegenhalten und das Schlimmste verhindern.

Vielleicht ist Politik einfach nur Krisenmanagement – dieser Gedanke schleicht sich oft bei mir ein und ich glaube, dass es viele gibt, die tatsächlich dieses Verständnis von Politik haben. Aber daran will ich mich nicht gewöhnen, denn meiner Meinung nach ist es das schlechteste Bild, das Politik abgeben kann. Ich für meinen Teil will, dass Politik verändert und beschreibt, wohin eine Gesellschaft gehen soll. Eine Idee davon hat, wer wir sind. Gerade wenn es Entscheidungen gibt, die einem schwerfallen, ist es wichtig, vom Kleinen ins Große zu gehen und andersherum. Sich immer wieder zu vergewissern, warum man Politik macht. Für eine Erzählung braucht es die Reflexion. Und die Erzählung braucht es, um darzustellen, was die kleinteiligen Schritte im Großen bewirken. Meine Erzählung ist die Folgende:

Es braucht mehr als die Aussage, dass man gegen Nazis ist. Es braucht mehr als die Sharepics an den Gedenktagen. Es braucht einen antifaschistischen Widerstand, der sich darin äußert, demokratische Strukturen wertzuschätzen und zu verteidigen. Ich habe es als Auftrag verstanden, als man uns in der Schule sagte, dass es an uns liegt, Widerstand zu zeigen, wenn Faschismus sich in unserem Land breitmacht. Ich habe es nicht ertragen, als in einem Landtag nach dem anderen nun auch Vertreter*innen der rechtsextremen Partei AfD einzogen. Ich glaube nicht daran, dass rechtsextreme, rassistische, antisemitische, frauenfeindliche, queerfeindliche Parteien Erscheinungen sind, die irgendwann von selbst wieder verschwinden. Diese Einstellungen sind keine plötzlich auftretenden, sie sind verankert in unserer Gesellschaft und sie werden nur dann verschwinden, wenn wir alle begreifen, dass es die Aufgabe eines jeden Einzelnen ist, sich dagegenzustellen. Ich glaube, die Mehrheit wünscht sich eine Gesellschaft, in der jede*r sein kann, wie er*sie sein will. Aber der stumme Zuspruch reicht nicht. Es braucht ein lautstarkes Dafürsein. Es reicht nicht, sich in seinen eigenen Kreisen zu vergewissern, dass man zu den Guten gehört. Jede*r von uns ist in der Pflicht, sich täglich die Frage zu stellen, ob er*sie genug tut. Ich glaube nicht, dass es eine Aufgabe ist, die immer nur dann zu bewältigen ist, wenn es akut wird. In der Regel ist es dann schon fast zu spät. Wenn Entwicklungen in einer Gesellschaft so rasant nach rechts abdriften, sind wir noch stärker gefragt, uns dagegenzustellen. Es gibt sie immer wieder, diese Momente, in denen man sieht und hört, dass wir tatsächlich mehr sind. Bei Kundgebungen, bei denen man solidarisch ist und für jede benachteiligte Gruppe Raum gelassen wird. Ich glaube nicht an die Erzählung, dass man sich erst einmal mit den »großen Problemen« auseinandersetzen muss und dann erst Zeit für die »kleinen Probleme« wie Gleichberechtigung und -stellung aller gesellschaftlichen Gruppen ist. Das ist die Erzählung, die wir seit Jahren, Jahrzehnten, Jahrhunderten kennen. Die Gleichstellung aller gesellschaftlichen Gruppen ist nichts Optionales und kein kleines Problem. Sie muss gesetzt sein. Es geht um universelle Rechte, die uns allen zustehen und wir fordern sie zu Recht für uns ein. Wenn gesagt wird, dass dafür keine Zeit ist, dass dafür keine Kapazitäten da sind, dann sollten wir alle widersprechen. Warum? Weil man dann der Erzählung derer auf den Leim geht, die hassen, dass wir da sind und unsere Stimme erheben.

Wie können wir über Probleme sprechen, die nicht gesehen werden? Oder nur für kurze Momente? Manchmal stelle ich mir vor, wie es wäre, wenn wir als Gesellschaft offen über Rassismus sprechen könnten. Ich schließe die

Augen und stelle mir vor, wie es wäre, wenn alle zuhörten und die Widerstände in sich einmal beiseitepacken würden. Wenn sie glauben würden, was wir sagen. Und ich stelle mir hier zum Schluss die Frage, was für ein Buch ich in einer Welt geschrieben hätte, die mich nicht gelehrt hätte, behutsam über dieses Thema zu sprechen. Ich hatte so viele Momente, in denen ich über die Augenpaare nachdachte, die diese Zeilen lesen werden. Aber so kann man nicht schreiben. Dafür brauche ich Momente, in denen ich mich nicht vor der Außenwelt »rechtfertige«. Aber wie wäre es, wenn man grundsätzlich ohne den *white gaze* leben würde? Wenn nicht schon ein einziges Wort zu einer Reaktion führen kann, die den Gesamtzusammenhang jeder Aussage in einer Welle der Empörung untergehen lässt. Es ist schwer, sich in einer solchen Welt zu bewegen. Auch das ist es, was Rassismus mit dir, mit uns macht. Wenn wir bestimmte Positionen eingenommen haben, dann warten so viele wie die Aasgeier darauf, dass man einen Fehler macht. Dass man sich für alle Zeit diskreditiert. Sie warten darauf, dass sie sich bestätigt fühlen können in ihrer Grundannahme, irgendwas müsse falsch sein. Dass es irgendwo und irgendwann diesen einen Riss geben wird, der zutage fördern wird, was eigentlich immer da war – Unfähigkeit. Was für ein Buch hätte ich wohl geschrieben, in einer Welt, in der es möglich ist, über diese Themen zu sprechen, als Person, die von Rassismus betroffen ist und eine hohe politische Funktion innehat? Wie oft denken Menschen, »sie ist zu radikal«, wo andere und gerade Betroffene denken, es ginge radikaler in der Analyse und im Ausdruck. Immer dazwischen zu navigieren und immer zu überlegen, was kann und was darf ich sagen. Und egal, wie radikal es euch vorkommen mag, egal, wie direkt es euch vorkommen mag, seid euch sicher, da draußen sind Menschen, die es noch viel präziser, viel direkter und viel anklagender sagen. Und sie haben jedes Recht dazu. Weil es eigentlich kein Abwägen geben darf in der Frage von Ungerechtigkeit, in der Frage von Unmenschlichkeit, in der Frage unserer Rechte.

Die Frage, wie deutlich man artikuliert, was man denkt, wovon man überzeugt ist, ist etwas, das uns allen in unterschiedlichster Form begegnet. Aber es sind vor allem diejenigen, die ihre Daseinsberechtigung immer und immer wieder unter Beweis stellen müssen, die sehr genau überlegen müssen, wie sie sich ausdrücken und in welcher Schärfe. Manchmal blicke ich meine älteren und männlichen Kollegen an und denke, du weißt nicht mal, welche Privilegien du besitzt. Du brüllst rum in Räumen, in denen politisch diskutiert wird und du wirst keine Sanktion erfahren. Weil du du bist. Wenn ich mich so aufführte wie du in diesem Moment, ich wäre nicht hier.

Ich will, dass noch mehr Menschen in die politischen Institutionen gehen, die hier in ihrer Vielfalt fehlen, aber ich möchte es so deutlich sagen: Es erfordert eine Menge Disziplin, man muss sich zusammenreißen, aushalten, weinen, traurig sein und wieder Kraft tanken, weitermachen, ignorieren, an sich selbst und an die Ideen, für die man kämpft, glauben und an die Liebe und Unterstützung all derer, für die man das tut. Alles gleichzeitig, manchmal hintereinander, manchmal mehr, manchmal weniger. Es erfordert das Reflektieren des eigenen Handelns und es erfordert das Genießen des Privilegs, diese Aufgabe erfüllen zu dürfen. Es erfordert Geduld gegenüber seinen Mitmenschen und seiner Umgebung und es bedarf der Wut und der Traurigkeit. Es erfordert Kontrolle des eigenen Temperaments und das Ausleben desselbigen. Es gibt keine allgemeingültige Antwort. Es gibt Erfahrungen. Von denen es sich lohnt, zu lernen. Weil es kaum etwas gibt, das nicht andere schon in irgendeiner Form durchlebt haben. Das alles braucht es, und nicht zu wenig davon, das Wichtigste aber ist die Vorstellung unseres Zusammenlebens in einer demokratischen Gesellschaft und der Glaube an die Menschen, die sich dieser Aufgabe annehmen wollen.

Zurück zu dir

Ein Teufelskreis bildet sich.
Er lässt Gedanken tausendmal um sich selbst drehen.

Hinsetzen und ruhig werden.
Zu sich selbst sprechen.
Sich vorstellen, woanders zu sein.
Die Welt kurz stillstehen lassen.
Dem Sinn freien Lauf geben.
Merken, wie der Sinn sich findet.
Manchmal ein Sinn voller Widersprüche.

Aber am Ende – vergiss nicht, wer du bist.

Warum sollte ich vergessen, wo ich herkomme

Viele Menschen denken, dass man kein schönes Leben, keine schönen Phasen oder schöne Momente hat, weil man Ungerechtigkeiten anprangert. Sie sind oft auf der Suche nach der Geschichte des unglücklichen Kindes tief in einem drin, das einem die Freude am Leben nimmt. Und es gibt die Verletzungen und Traumata. Es gibt die unschönen, sich wiederholenden Momente. Nicht immer ist man bereit, sie auszustellen, als Beweis für Rassismus, Sexismus oder andere Arten der Ausgrenzung. Wenn man aber dazu übergeht, von schönen Erlebnissen zu berichten, weil es diese zeitgleich geben kann, weil man auch Solidarität oder Empathie erlebt hat, passiert Folgendes: Jede schöne Erzählung aus dem eigenen Leben wird als Waffe gegen einen verwendet, um die Forderungen zu delegitimieren und die Existenz von Phänomenen wie Rassismus oder Sexismus infrage zu stellen. Das ist fatal. Diese Vorstellung ist fatal. Es zwingt uns, uns für Freude zu rechtfertigen. Aber es ist doch genau diese Freude und Leichtigkeit, die im Kontrast zu den schlimmen Erfahrungen steht, die einem vor Augen führt, wie es sein könnte. Es sind die schönen Momente im Leben, die einem deutlich zeigen, dass eine andere Welt und ein anderes Zusammensein möglich ist. Mit den unterschiedlichsten Menschen und in den unterschiedlichsten Begegnungsräumen. Die Utopie gibt es, weil wir sie in der Realität im Kleinen erleben.

Als ich einmal zum Schluss einer Rede May Ayim zitierte, versagte mir fast die Stimme. Es war das Gedicht »grenzenlos und unverschämt«, in dem sie in 20 kurzen Zeilen Dinge zum Ausdruck bringt, die andere in ganzen Büchern zu transportieren versuchen, ohne dass es gelingt. Ich war mir nicht sicher, ob ich ein Gedicht in einem Parlament vortragen sollte. In einem Artikel über mich schrieb eine Journalistin mal, dass ich mich durch das Offenlegen von Gefühlen und durch Aussagen wie »Reden halten ist für mich ähnlich wie Tagebucheinträge vorlesen« verletzbar mache. Als ich einem Kollegen, der mir oft gute Ratschläge gibt, sagte, dass ich ein Buch schreibe, meinte er, ich solle aufpassen, was ich verschriftliche, gerade wenn es um lyrische Texte geht. Das ist ein gut und lieb gemeinter Rat, aber was ich ihm erwiderte, will ich auch hier sagen: Das Schreiben von lyrischen Texten ist für mich eine politische Ausdrucksform. Genauso wie das Schreiben in ein Notizbuch, wenn ich abends meine Gedanken sortiere. Der Job als Abgeordnete verlangt, stets alle und alles im Blick zu haben, Entscheidungen besonnen zu treffen. Das kann ich nicht, ohne zu reflektieren, was meine Entscheidungen bewirken. Deshalb nehme ich mir die Zeit zu schreiben. Es ist eine Art des Reflektierens, die im krassen Kontrast zu der Schnelllebigkeit des tagespolitischen Geschäfts steht. Dieses Schreiben ist somit ein Teil meiner Arbeit. Aber auch ohne diesen Job würde ich schreiben.

For women, then, poetry is not a luxury. [...] Poetry is the way we help give name to the nameless so it can be thought. The farthest horizons of our hopes and fears are cobbled by our poems, carved from the rock experiences of our daily lives.

Aus diesem Grund ist Lyrik für Frauen kein Luxus. [...] Zu dichten ist eine Möglichkeit, das Namenlose zu benennen, so dass es gedacht werden kann. Der Weg an den fernen Horizont unserer Hoffnungen und Ängste ist gepflastert mit Gedichten, die wir aus dem Fels unserer alltäglichen Erfahrungen herausgeschlagen haben.

– Audre Lorde[14]

Ich bin eine junge Schwarze Frau, die sich sehr früh dazu entschieden hat, in die Politik zu gehen und Verantwortung zu übernehmen. Mir war klar, dass mein Alter, meine Herkunft und mein Geschlecht an einem Ort wie dem Politikbetrieb eine Rolle spielen würden. Ich habe mich darauf eingestellt. Aber ich hatte keine Ahnung, was auf mich zukommen würde. Ich habe viele Interviews gegeben und es wurden ein paar Porträts über mich geschrieben. Man liest eine Menge über sich, in Kommentaren, in Briefen, in Nachrichten. Vieles davon sind sehr schöne und wunderbare Dinge, manches stimmt nicht mit dem eigenen Selbstbild überein und anderes ist verletzend.

Ich hatte ein Bild von mir, als ich in die Politik gegangen bin. Ich wusste, wo ich stehe und wofür ich mich politisch einsetzen werde. Aber mit inzwischen 28 Jahren denke ich manchmal: krass, dass ich mich das getraut habe, mit 23 Jahren. Diese Entscheidung zu treffen und es durchzuziehen. Mich in eine Partei und in ein Parlament zu begeben. Mich in die Öffentlichkeit zu stellen durch eigene Social-Media-Kanäle und indem ich Presseanfragen beantworte. Dieses Buch hat mir dabei geholfen, innezuhalten und über mein bisheriges und mein aktuelles Leben nachzudenken. Und darüber, wo ich hinwill und warum, was mir guttut und was nicht. Trotzdem schreibe ich diese Sätze nicht in erster Linie als einen Tagebucheintrag, den ihr mitlesen könnt, oder für meine Selbstvergewisserung, sondern für Menschen, die sich überlegen, das Gleiche zu tun. Oder die es sich noch überlegen.

Ich bin so oft getrieben durch meine Arbeit, dass ich manchmal keine Zeit habe, darüber nachzudenken, obwohl ich merke, dass irgendetwas in mir vorgeht. Ich spüre eine Belastung, mit der ich nicht immer vernünftig umgehe, die ich gerne mal beiseiteschiebe. Ich bin froh, dass ich nach vier Jahren als Abgeordnete die Möglichkeit habe, all das zu reflektieren.

Eine Sache, die mich zunehmend belastet hat, ist, nicht mehr die Macht über meine eigene Geschichte zu haben. Menschen projizieren etwas in einen hinein, Menschen meinen zu wissen, wer man ist, Menschen meinen, einem sagen zu können, wie man es besser machen sollte, Menschen bewerten einen. Und ja, das ist die Entscheidung, die man trifft, wenn man einen solchen Weg einschlägt. Aber man stellt fest, dass es durchaus Unterschiede gibt in der Bewertung und in der Intensität der Bewertung. Manchmal ist mein Maß an »Rückmeldungen« zu meiner Person und meiner Arbeit voll und ich kann es nicht mehr ertragen. Dann will ich mich einfach nur verkriechen. Ich ertrage kein weiteres Wort der Kritik mehr und will alles hinschmeißen. Ein Leben führen, bei dem ich nicht der Bewertung der Außenwelt ausgesetzt bin. Positiv wie negativ. Weil auch die positiven Rückmeldungen Druck erzeugen. Wenn ich es das nächste Mal nicht wieder genauso gut mache, werden Menschen enttäuscht sein. Wenn ich bei diesem nächsten Treffen nicht dabei bin, werden Menschen enttäuscht sein. Die Waage zu halten zwischen dem, was leistbar ist, und dem, was utopisch ist, und miteinzuberechnen, dass man Menschen enttäuschen wird, ist nicht leicht.

Ich will helfen, diese Gesellschaft zu einer besseren zu machen, aber habe (zum Glück) nicht die Macht oder die Kraft, an allen Orten zeitgleich zu sein. Ich weiß, dass es da draußen viele Schwarze Frauen gibt, von denen verlangt wird, mit der ihnen zugeschriebenen natürlichen Kraft und Stärke dafür zu sorgen, dass es weniger Böses in dieser Welt gibt. Sie sind dafür zuständig, der weißen Mehrheitsgesellschaft gleichzeitig zu erklären, dass diese Zuschreibung rassistisch ist, wie Rassismus wirkt und wie wir ihn entlernen können. Wir tun das. Wir fühlen die Verantwortung auf unseren Schultern, dieser Gesellschaft zu erklären, weshalb sie uns so behandelt. Und wir streicheln sie dabei ganz sanft, damit sie von ihren Annahmen ganz vorsichtig loskommt und merkt, dass sie durchaus einen Beitrag dazu leistet, dass Menschen wie wir es nicht so leicht haben. Und wenn wir ihr über den Kopf streicheln und ihr Geschichten erzählen, tun wir das nicht, damit sie besser schlafen kann, sondern damit wir und unsere kleinen Geschwister besser schlafen können. Einige Menschen, die von Rassismus betroffen sind, fragen einen, nicht ganz zu Unrecht, wieso man sich die ganze Mühe macht. Sie sind davon überzeugt, dass sich eh nichts ändern wird. Und ich verstehe diesen Impuls, weil wir schon viel zu lange viel zu viel ertragen müssen. Aber ich komme nicht drum herum, daran zu glauben, dass wir als Gesellschaft *mehr sein* können.

Ich werde manchmal gefragt, ob ich mich verändert habe. Es ist eine Frage, die ich mir auch selbst stelle. Denn wir verändern uns alle. Jeden Tag. Jeden Tag gibt es dieses kleine bisschen, das uns verändert. Menschen. Worte. Musik. Bücher. Sätze. Ein Lachen. Angst vor einem Moment. Ein Streit. Langeweile. Jeden Tag gibt es dieses kleine bisschen, das uns verändert. Hast du dich so verändert, dass du bereust, wer du bist? Bist du Kompromisse eingegangen und dadurch jemand geworden, von dem du dir versprochen hast, es nicht zu werden?

Am Ende des Tages komme ich nach Hause. Auf dem Weg nach Hause denke ich über den Tag nach. Was so passiert ist. Welche Entscheidungen ich getroffen habe. Welche Entscheidungen ich nicht treffen konnte, weil ich nicht in der Position bin, sie zu treffen. Und ob ich wirklich nicht in der Position war, sie zu treffen oder ob es nur der bequemere Weg war, mir das einzureden. Ich denke darüber nach, ob dieser Tag für das stehen könnte, wofür ich hier bin. Bin ich dafür »in die Politik gegangen«? Meistens kann ich das bejahen. An einigen Tagen kann ich das nicht. Nicht weil die Auseinandersetzungen zu anstrengend waren. Das gehört dazu. Aber weil der politische Erfolg schlichtweg ist, dafür gekämpft zu haben, dass der Status quo bleibt. Kein Schritt nach vorne, aber zumindest keiner nach hinten. Das ist kein Wahlkampfmaterial: »Weißt du was, heute habe ich dafür gesorgt, dass eine Entscheidung, die es für Menschen schwerer gemacht hätte, gestoppt wurde. Das habe ich heute erreicht!« Dennoch sind das manchmal die wichtigsten Momente in meiner politischen Arbeit. Nicht gut zu vermitteln, aber sehr entscheidend. Aber es ist in diesem Moment okay, weil ich weiß, es war richtig.

Ich komme nach Hause mit all diesen Gedanken. Ich spreche mit meinem Mann, einer Freundin, einem Freund. Ich rufe meine Mutter an oder eine meiner Schwestern. Sie fragen, wie war dein Tag? Ich sage, er war okay. Er war großartig. Er war furchtbar. Eine dieser Antworten wird es sein. Wir alle haben etwas, was uns ausmacht. Irgendetwas Liebenswertes. Etwas Verrücktes. Etwas Lustiges. Etwas Langweiliges, aber Liebenswertes. Etwas Nachdenkliches. Etwas Besonderes. Bei mir ist es schon immer, dass ich es nicht aushalte, wenn Menschen ungerecht behandelt werden. Ja, ich weiß, klingt pathetisch. Aber es ist ein ganz einfaches Gefühl. Ich kann es nicht ab, wenn Menschen anders oder schlechter behandelt werden als andere. Das ist vielleicht meine stärkste und gleichzeitig schwächste Eigenschaft. Weil es einen angreifbar macht – gerade im politischen Kontext. Die Tatsache an sich und die Tatsache, dass viele wissen, dass ich so bin.

Wenn Menschen mich fragen, weshalb ich so offenherzig bin, dann ist meine Antwort: Weil ich so bin. Weil ich versuche, Menschen begreiflich zu machen, was mich bewegt und weshalb ich Politik mache. Das hat natürlich etwas mit all dem zu tun, was ich im Laufe dieses Buches beschrieben habe: Wo ich herkomme und wie ich aufgewachsen bin, aber auch damit, wer ich unabhängig davon bin, also so sehr, wie man davon unabhängig sein kann. Und ich will gar nicht jemand anderes sein. Ich möchte nicht verändern, was mich ausmacht, und wer ich bei alldem – in die Politik gehen, gewählt werden, Politikerin sein – geworden bin. Und auch jetzt, währenddessen, bin ich Amina. Jeden Tag. Mit meiner Familie. Mit meinen Freund*innen. Die schönsten Momente sind, wenn wir über all die Dinge sprechen, die uns im Kleinen und Großen beschäftigen. Und weil mein Umfeld voll ist von wunderbaren Menschen, die sich im Kleinen wie auch im Großen mit dem beschäftigen, was rechts und links von ihnen geschieht, komme ich gar nicht drum herum, auch diese Gedanken und Gespräche mit einzubauen in meine politische Arbeit. Aber die schönsten Momente sind eben auch die, in denen es um Belangloses geht, online wie offline. Die schönsten Momente sind, wenn ich meine Mutter anrufe und sie mit mir spricht, als würde ich noch bei ihr wohnen und mir zum hundertsten Mal erzählt, ich solle Ingwer nehmen, wenn ich krank bin und Milchreis essen, so wie sie ihn immer zubereitet hat, wenn wir krank waren. Das sind die schönsten

Momente. All das ist wichtig für mich. Ich lese gerne und schreibe gerne. Ich liebe Gedichte und das Verfassen von Gedichten. Ich liebe es, das Leben in vollen Zügen zu leben mit meinen Freund*innen und meiner Familie. Ich liebe es, neue Menschen und Dinge kennenzulernen. Ich liebe Musik und kann mich wunderbar in ihr verlieren. Ich lege das nicht ab, wenn ich Politik mache. Denn am Ende des Tages kehre ich zurück zu diesem Leben. Und ich meine damit nicht irgendwann in ein paar Jahren. Ich meine jeden Tag. Weil ich überzeugt davon bin, dass es wichtig ist, gerade als Politikerin, jeden Tag zurückzukehren zu sich.

grenzenlos und unverschämt

ich werde trotzdem
afrikanisch
sein
auch wenn ihr
mich gerne
deutsch
haben wollt
und werde trotzdem
deutsch sein
auch wenn euch
meine schwärze
nicht paßt
ich werde
noch einen schritt weitergehen
bis an den äußersten rand
wo meine schwestern sind
wo meine brüder stehen

wo

unsere

FREIHEIT

beginnt

ich werde

noch einen schritt weitergehen und

noch einen schritt

weiter

und wiederkehren

wann

ich will

wenn

ich will

grenzenlos und unverschämt

bleiben

May Ayim

Endnoten

1 »Rostock erinnert an die 30er Jahre«, in Der Tagesspiegel, 13.09.1992, Seite II; die Übersetzung habe ich an einigen Stellen an die englische Fassung des Briefs angeglichen, die unter dem Titel »black women find racism rampant in germany« in der Zeitschrift off our backs erschienen ist (Off Our Backs, Vol. 22, No. 10 (november 1992), S. 18)

2 https://www.destatis.de/DE/Themen/Gesellschaft-Umwelt/Bevoelkerung/Migration-Integration/_inhalt.html [zuletzt abgerufen am 05.05.2021]

3 https://mediendienst-integration.de/artikel/abgeordnete-mit-migrationshintergrund.html [zuletzt abgerufen am 05.05.2021]

4 https://www.destatis.de/DE/Themen/Gesellschaft-Umwelt/Bildung-Forschung-Kultur/Bildungsstand/_inhalt.html [zuletzt abgerufen am 05.05.2021]

5 https://www.forschung-und-lehre.de/politik/mehr-als-80-prozent-akademiker-im-bundestag-1861/ [zuletzt abgerufen am 05.05.2021]

6 Torsten Körner. *In der Männerrepublik. Wie Frauen die Politik eroberten*, Kiepenheuer & Witsch 2020, S. 30

7 Ulrike Schultz: Ein Quasi-Stürmlein und Waschkörbe voller Eingaben: Die Geschichte von Art. 3 Abs. 2 Grundgesetz; in: Frauen und Recht. Reader für die Aktionswochen der kommunalen Gleichstellungsbeauftragten, Düsseldorf 2003, S. 54–60 ((https://www.fernuni-hagen.de/rechtundgender/downloads/Art._3.pdf))

8   Torsten Körner: *In der Männerrepublik. Wie Frauen die Politik eroberten*, Kiepenheuer & Witsch 2020, S. 74 ff.

9   https://www.bundestag.de/abgeordnete/biografien/mdb_zahlen_19/frauen_maenner-529508 (Stand Januar 2021) [zuletzt abgerufen am 05.05.2021]

10 https://www.landtag.ltsh.de/parlament/der-19-lt/ (Stand Juni 2017) [zuletzt abgerufen am 05.05.2021]

11 https://www.hochschulbildungsreport2020.de/report [zuletzt abgerufen am 05.05.2021]

12 Maya Angelou sagt diese Sätze zu Dave Chappelle in der Sendung *Iconoclasts*.

13 Aus dem Film »James Baldwin: The Price of the Ticket«.

14 Audre Lorde: *Sister Outsider. Essays & Speaches*, Crossing Press 1984, S. 37; Audre Lorde: *Sister Outsider,* aus dem Englischen von Eva Bonné und Marion Kraft, Carl Hanser 2021, S. 29f.

Literaturverzeichnis

- Arndt, Susan; Eggers, Maureen Maisha; Kilomba, Grada; Piesche, Peggy (Hg.): *Mythen, Masken und Subjekte. Kritische Weißseinsforschung in Deutschland*, Unrast 2017
- Ayim, May; Oguntoye, Katharina; Schultz, Dagmar (Hg.): Farbe bekennen. *Afro-deutsche Frauen auf den Spuren ihrer Geschichte*, Orlanda 1986.
- Ayim, May: *Blues in schwarz weiss: Gedichte*, Orlanda 1995.
- Eribon, Didier: *Rückkehr nach Reims*, Suhrkamp 2009.
- Evert, Felicia: *Trans, Frau, Sein. Aspekte geschlechtlicher Marginalisierung*, Edition assemblage 2020.
- Fanon, Frantz: *Peau noire, masques blancs*, Éditions du Seuil 1952.
- Hasters, Alice: *Was weiße Menschen nicht über Rassismus hören wollen aber wissen sollten*, Carl Hanser 2019.
- Joseph, Gloria (Hg.): *Schwarzer Feminismus. Theorie und Politik afro-amerikanischer Frauen*, Orlanda 1993.
- Kaur, Rupi: *Home Body, Simon & Schuster* Canada 2020.
- Körner, Torsten: *In der Männer-Republik. Wie Frauen die Politik eroberten*, Kiepenheuer & Witsch 2020.
- Lorde, Audre: *Sister Outsider. Essays & Speaches.* Crossing Press 1984; *Sister Outsider*, aus dem Englischen von Eva Bonné und Marion Kraft, Carl Hanser 2021.
- Louis, Édouard: *Wer hat meinen Vater umgebracht*, S. Fischer 2020.

- Piesche, Peggy (Hg.): *Euer Schweigen schützt euch nicht. Audre Lorde und die Schwarze Frauenbewegung in Deutschland*, Orlanda 2012.

Websites:

- Adefra: http://www.adefra.com
- Each One Teach One: https://www.eoto-archiv.de
- ISD: https://isdonline.de/
- Kollektiv Afrodeutscher Frauen: Instagram @koa.sh

Danksagung

An allererster Stelle möchte ich mich bei meinem Lektor David Rupp bedanken. Am Anfang stand ich da und hatte eine Idee im Kopf, die sortiert werden musste. Den gesamten Prozess über hast du mich ermutigt und darin bekräftigt, genau dieses Buch zu schreiben. Ich bin dir unendlich dankbar für deine klugen Gedanken und für die Ruhe, die du die gesamte Zeit über ausgestrahlt hast. Ich bin so froh, dass wir das hier gemeinsam geschafft haben! Danke.

Danken möchte ich außerdem meinem Mann, Joschka. Du warst am nächsten dran und hast mich jeden Tag aufs Neue ermutigt. So wie in allem, was ich tue. Du siehst immer das Beste in mir und noch viel mehr. Danke.

Ein großer Dank geht außerdem an meine Familie, die mir mit ihren Erinnerungen so viel Wertvolles und Persönliches geteilt hat. So viel, das dieses Buch komplett gemacht hat. Es ist keine Selbstverständlichkeit. Ich danke euch dafür, und dafür, dass ihr mich in jeder Minute ermutigt habt, dieses Buch so zu schreiben. Es war weiß Gott nicht immer nur leicht und von Ups and Downs begleitet. Das Sprechen mit euch über unsere schweren Phasen in den ersten Jahren hier in Deutschland hat mich noch näher an euch gebracht, als wir es eh schon sind. Ich bin jeden Tag dankbar, euch zu haben. Ihr seid mein Anker. Immer gewesen, und werdet es in jeder Lebensphase sein. Danke.

Danke Hadija, dafür, dass du dir meine Lyrik angesehen hast und mir eine ehrliche und liebevolle Rückmeldung gegeben hast. Das bedeutet mir unglaublich viel!

Danke, dass ihr euch alle die Zeit genommen habt, euch meine Texte durchzulesen. Meine Gedanken tausend Mal mit mir durchzugehen und mich zu ermutigen dieses Buch zu schreiben. Danke, dass ihr mich darin unterstützt habt: Annso, Sinah, Tupoka, Alice, Aminata, Katrine, Katha, Matthias, Julia, Lasse und Jeff uvm.

Danke an alle, die Wege vor mir gegangen sind, die vor ihnen noch niemand gegangen ist. Ohne die ich meinen nicht gegangen wäre.

Verlag Kiepenheuer & Witsch, FSC® N001512

1. Auflage 2021

© 2021, Verlag Kiepenheuer & Witsch, Köln
Alle Rechte vorbehalten
Covergestaltung: Barbara Thoben, Köln
Covermotiv: © Morenike Olusanya, nach einem Foto von
Johanna Ghebray
Gesetzt aus der Karmina
Satz: Buch-Werkstatt GmbH, Bad Aibling
Druck und Bindung: CPI books GmbH, Leck
ISBN 978–3-462–00061–0

PATRISSE KHAN-CULLORS

#BLACK
LIVES
MATTER

EINE GESCHICHTE VOM ÜBERLEBEN

KiWi

Patrisse Khan-Cullors, die Mitbegründerin der Bürgerrechtsbewegung #BlackLivesMatter, erzählt in diesem Buch vom
Aufwachsen in einem Land, das von Armut, Ungleichheit und
rassistischer Polizeigewalt geprägt ist. Sie schildert, wie sie
Menschen begegnet, die entschlossen sind, Amerika zu verändern. Gemeinsam mit ihnen fordert sie eine neue Antwort auf
eine alte Frage: Wie viel zählt ein Schwarzes Leben?

»Ein sehr persönliches Buch, das einen wütend zurücklässt.
Und doch ist es auch ein ungeheuer berührendes Buch, weil
Cullors über die Liebe schreibt und die Kraft der Gemeinschaft.«
Süddeutsche Zeitung

TORSTEN KÖRNER

IN DER MÄNNER-REPUBLIK

WIE FRAUEN DIE POLITIK EROBERTEN

KiWi

Die Bundesrepublik war lange eine Männerrepublik. Männer schrieben Geschichte. Männer gaben den Ton an. Frauen, die sich politisch engagierten, waren wenig sichtbar. »In der Männer-Republik« ist die spannende Chronik des Kampfes um politische Gleichberechtigung.

»Ein sehr lesenswertes Buch« *Margarete Stokowski, Der Spiegel*